KB055234

Job?

나는 로켓, 탐사선 전문가가 될 거야!

Job?

나는 로켓, 탐사선 전문가가 될 거야!

주성윤 글·그림 | 이건웅 감수

Special
14

동일아이

차례

직업 탐험
워크북

나는 **로켓, 탐사선** 전문가가 될 거야!

등장인물

벼리

우주 애니메이션에 등장하는 강 박사처럼 우주선을 만드는 사람이 되고 싶어 하는 초등학교 6학년 남자아이다. 허무맹랑한 꿈이라며 친구들이 놀려도 절대 포기할 생각이 없다. 자신의 꿈을 위해서라면 언제나 최선을 다할 각오가 되어 있다. 아빠의 오랜 친구가 집에 며칠 묵기로 했는데 알고 보니 로켓을 만드는 박사님이었다. 신이 난 벼리는 로켓에 대해서 묻고 배우며 꿈을 키워간다.

은아

벼리의 같은 반 여자친구로 세계 최고의 케이팝 걸그룹 아이돌이 되겠다는 꿈을 꾸고 있다. 다른 아이들이 모두 벼리의 꿈을 놀릴 때, 은아는 벼리를 응원하고 이해해 준다. 당찬 성격에 어딘지 모르게 어른스럽기도 하다. 벼리, 지우와 함께 로켓과 우주선에 대해 하나씩 알아가더니 자신의 꿈은 세계 최고의 아이돌이 아닌, 우주 최고의 아이돌이라며 꿈을 키운다.

지우

공무원이 꿈이라고 하던 벼리의 같은 반 친구다. 그런데 알고 보니 지우도 벼리처럼 우주선을 만들고 싶어 한다. 벼리의 집에 로켓을 만드는 아저씨가 머물고 있다는 사실을 알고 신이 나서 벼리의 집을 방문한다. 아저씨의 이야기를 들으면 들을수록 가슴이 두근거리고, 우주선을 만드는 자신의 모습이 보이는 것만 같다.

장 박사

벼리 아빠의 오랜 친구다. 로켓을 만드는 발사체 개발자이며 공학 박사다. 외국의 우주 개발 회사에서 일하다가 한국에서 일하고 싶어 귀국했다. 자신의 집을 구할 때까지만 벼리의 집에서 머물기로 하는데, 우주선을 좋아하는 벼리와 금방 친해진다. 누구보다도 벼리의 꿈을 잘 이해해 주고, 자신이 일하는 회사로 벼리의 반 친구들을 초대해 로켓과 탐사선에 대해 설명해 준다.

아빠

집에서 일하는 글 작가이며 뛰어난 음식 솜씨를 자랑하는 살림꾼이기도 하다. 장 박사와는 어린 시절부터 친한 친구로 같이 별을 보며 꿈을 키웠다. 결국 장 박사는 별로 가는 로켓을 만드는 개발자가 되었고, 아빠는 별에 사는 사람들의 이야기를 쓰는 작가가 되었다.

강 박사

최고의 인기 애니메이션 우주 용사 하이퍼에 등장하는 천재 과학자다. 멋진 우주선을 만들어 우주를 여행하며 모험을 즐기는 벼리의 롤 모델이다.

꿈을 찾아가는
꿈나무를 위한 길잡이

허영만 화백이 그린 만화 《식객》이 한국 음식 문화의 품격과 철학의 깊이를 더한 '음식 문화서'라고 한다면, 《job?》 시리즈는 '바라고 꿈꾸는 것을 이루기 위해 줄기차게 노력하면 반드시 꿈은 이루어진다'는 교육 철학을 담은 직업 관련 학습 만화입니다. 어린이와 청소년들이 만화를 통해 각 분야의 직업을 이해하고, 스스로 장래 희망을 설정하는 데 도움을 주는 진로 교육서이기도 합니다.

꿈과 희망은 사람을 움직이는 가장 강력한 에너지입니다. 꿈과 희망이 있는 사람은 밝고 활기찹니다. 그리고 호기심과 열정이 가득해서 지루할 틈이 없이 부지런합니다. 특히 어린이와 청소년들에게 꿈과 희망은 삶을 긍정적으로 바라보게 하는 가장 강력한 버팀목 역할을 합니다.

어른이 되어 이루는 성공과 성취는 어린 시절부터 바랐던 꿈과 희망이 이뤄 낸 결과입니다. 링컨과 케네디, 빌 게이츠와 오바마, 이들은 어린 시절에 꾸었던 꿈과 희망을 실현하기 위해 노력한 사람들입니다. 삼성을 일류 기업으로 이끈 고(故) 이병철 회장이나 우리나라 경제 발전에 초석을 다진 현대그룹의 고(故) 정주영 회장도 어린 시절의 꿈을 실현한 대표적인 사람입니다. 꿈과 희망 안에는 미래를 변하게 하는 놀라운 능력이 숨어 있습니다. 꿈과 희망을 품고 노력하면 바라던 것이 이루어집니다.

어린이와 청소년들이 스스로 미래를 준비할 수 있도록 도움을 주고자 기획한 《job?》 시리즈는 우리 사회 각 분야의 직업을 다루고 있습니다. 어떤 분야의 직업을 갖고 사는 것이 좋으며 가치 있을지를 만화 형식을 빌려서 설명하여 이해뿐 아니라 재미까지 더하였습니다.

그동안 직업을 소개하는 책은 많았지만, 어린이 눈높이에 맞춘 직업 관련 안내서는 드물었습니다. 이 책의 차별성은 바로 여기에 있습니다. 단순히 각각의 직업이 무슨 일을 하는지를 소개하는 데 그치지 않고 사회적 측면에서 바라본 직업의 존재 이유와 작용 원리를 적절한 용어를 사용하여 어린 독자들의 이해를 돕습니다. 자칫 딱딱할 수 있는 직업 이야기를 맛깔스러운 대화와 재미있는 전개로 설명하여 효과적인 진로 안내서 역할도 합니다.

이 책이 어린이와 청소년들에게 세상의 여러 직업을 깊이 이해하고 자신의 미래를 여는 데 도움을 줄 것이라 기대합니다. 아울러 장차 세계를 이끌 주인공이 될 어린이와 청소년들이 직업과 관련해서 멋진 꿈과 희망을 얻길 바랍니다.

문용린(서울대학교 교육학과 명예교수)

우주로 여행을 떠나요

오래전 모험심 많은 탐험가들이 바다를 보며 생각했어요. 바다 너머에는 어떤 세계가 있을까? 그곳에는 어떤 사람들이 살고 있을까? 그리고 바다를 건너기 위해 튼튼한 배를 만들었어요. 배는 새로운 세계로 가는 디딤돌이 되어 주었죠.

지금은 어떨까요? 지금의 탐험가들은 무엇을 타고 새로운 세계를 찾아다닐까요? 그것은 바로 '로켓'입니다. 로켓은 우주라는 새로운 행성, 곧 새로운 세계를 탐험할 수 있게 해주죠. 많은 선진국들이 우주개발에 엄청난 투자를 하는 것도 모두 새로운 세계를 먼저 탐험하기 위해서랍니다. 우리는 결국 지구라는 한계를 벗어나 우주로 나가게 될 테니까요. 앞선 기술로 먼저 우주로 나간다면, 그것이 곧 미래의 힘이 될 것은 너무나도 당연하겠지요.

우리나라도 우주개발을 위해 많은 도전을 하고 있어요. 누리호와 나로호, 그리고 달 탐사 계획과 인공위성의 개발 등 우주라는 새로운 세계를 개척하기 위해 준비하고 있어요. 그뿐만 아니라 민간 우주 개발 업체도 하나둘 늘어가고 있답니다. 점점 많은 사람들이 우주개발에 도전하고, 또 그만큼 많은 전문가를 필요로 하는 시대가 되었어요.

그럼 로켓과 우주탐사선은 어떤 사람들이 만드는 걸까요? 이 책엔 로켓과 우주탐사선, 그리고 우주개발과 관련된 일을 하는 사람들의 이야기를 담았어요.

그리고 용광로보다 더 뜨거운 열을 내뿜는 로켓의 엔진은 어째서 녹지 않을까? 또 행성을 탐사하는 우주선들은 적은 연료로 어떻게 오랫동안 비행할 수 있을까? 똑바로 발사되었다가, 똑바로 착륙하는 로켓이 있다던데, 사실일까? 이런 신기한 기술은 누가 개발한 걸까? 등 궁금증을 풀어줄 재미있는 이야기가 가득하답니다.

자! 이제부터 벼리, 지우, 은아와 함께 로켓과 우주탐사선을 만드는 사람들에 대해 알아보고 우주로 여행을 떠나 볼까요?

글쓴이 **주성윤**

강 박사가 되고 싶어!

다녀왔습니다…

응? 왜 이렇게 기운이 없어?

휴우…

강 박사가 되는 길은 멀고도 험하네요…

털

씩

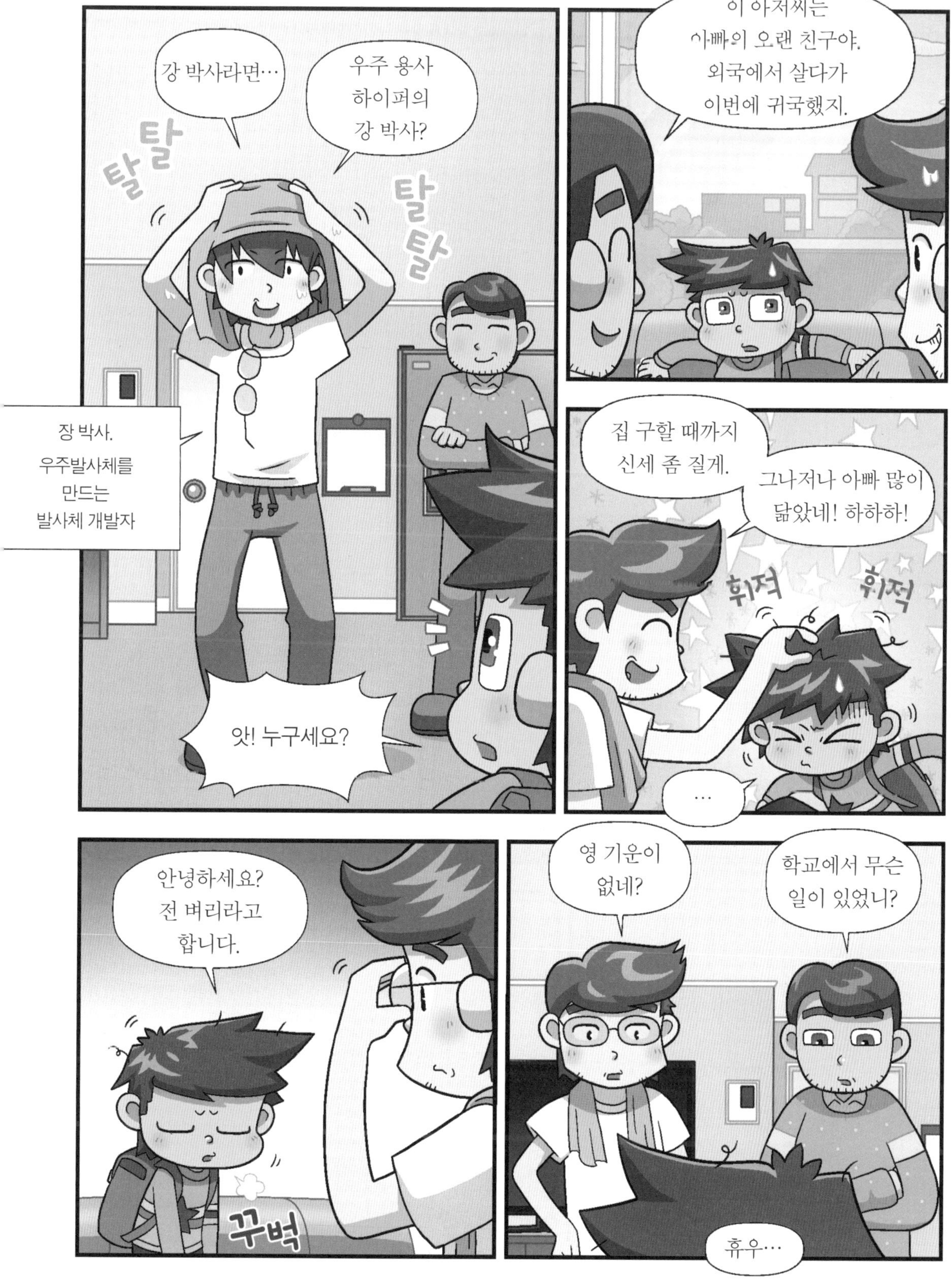
강 박사라면…
우주 용사
하이퍼의
강 박사?
탈탈
탈탈
장 박사.
우주발사체를
만드는
발사체 개발자
앗! 누구세요?
이 아저씨는
아빠의 오랜 친구야.
외국에서 살다가
이번에 귀국했지.
집 구할 때까지
신세 좀 질게.
그나저나 아빠 많이
닮았네! 하하하!
휘적
휘적
…
안녕하세요?
전 버리라고
합니다.
꾸벅
영 기운이
없네?
학교에서 무슨
일이 있었니?
휴우…

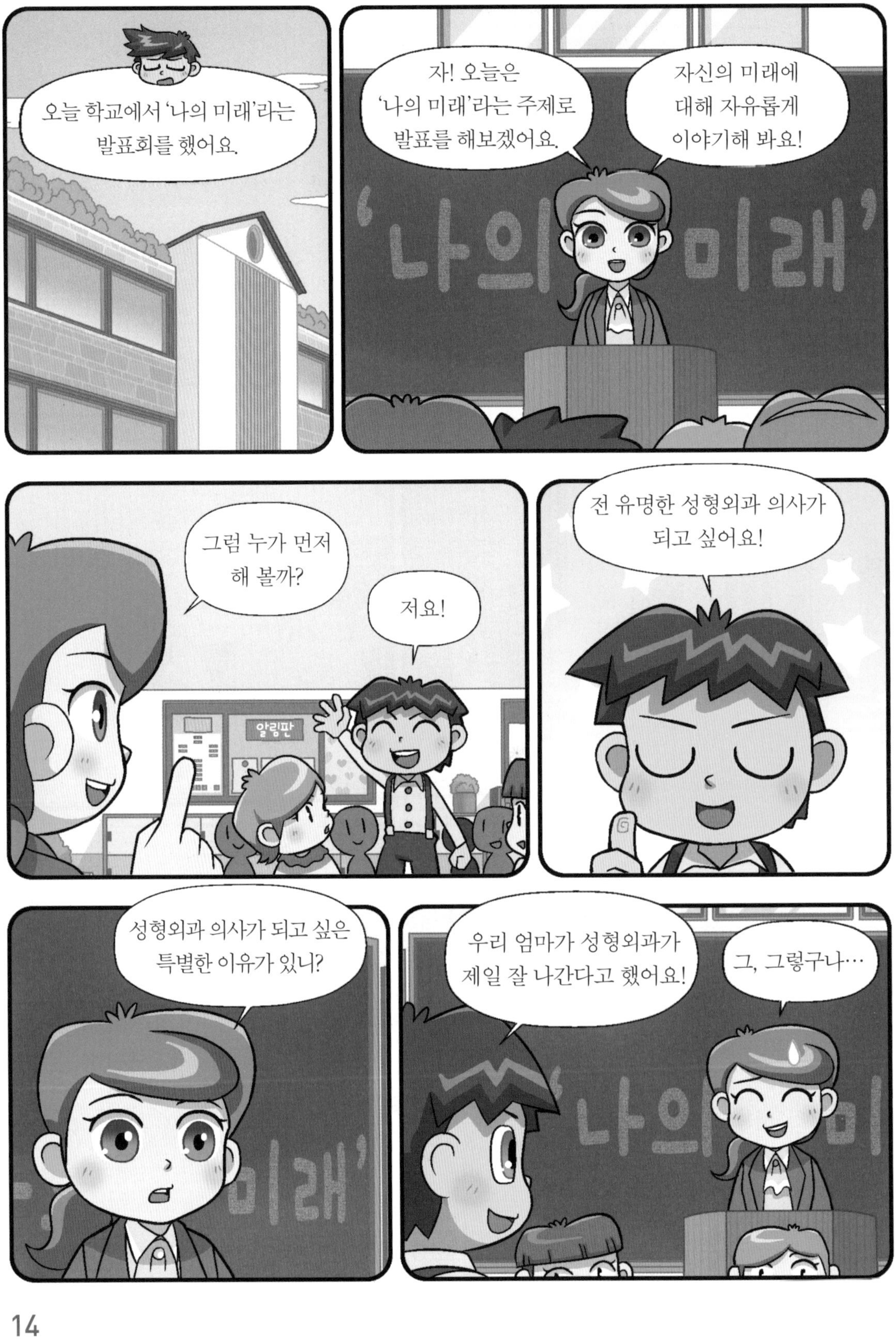
오늘 학교에서 '나의 미래'라는 발표회를 했어요.
자! 오늘은 '나의 미래'라는 주제로 발표를 해보겠어요.
자신의 미래에 대해 자유롭게 이야기해 봐요!
'나의 미래'
그럼 누가 먼저 해 볼까?
저요!
알림판
전 유명한 성형외과 의사가 되고 싶어요!
성형외과 의사가 되고 싶은 특별한 이유가 있니?
우리 엄마가 성형외과가 제일 잘 나간다고 했어요!
그, 그렇구나…

자! 다음은 누가 발표해 볼까?

저요! 저요! 저요! 저요!

전 공무원이 되고 싶어요!

전 건물주가 될 거예요!

전 제일 유명한 유튜버가 될 거예요!

전 케이팝 최고의 걸그룹 아이돌이 될 거예요!

아무래도 내 꿈이 제일 멋진 것 같군…

훗…

전 강 박사가 될 거예요!

강 박사?

그게 누구야?

흣…

설마…

우주 용사 하이퍼의 강 박사?

그래! 우주 용사 하이퍼의 우주선을 만드는 강 박사!

나도 우주선을 만드는 박사가 될 거야!

우와… 이럴수가

우하하하

그건 만화에나 나오는 거잖아!

너 어린애냐?

말도 안 돼!

요즘 누가 그런 꿈을 꾸냐!

그건 현실적이지 않아!

...

강 박사라니…

말도 안 돼…

…

강 박사처럼 되고 싶다는 게 이상해?

너무 신경 쓰지 마. 애들이 뭘 알겠어.

나도 아이돌이 되고 싶다고 하면 다들 말도 안 된다고 한다고.

그래도 넌 춤을 정말 잘 추잖아. 노래도 잘하고…

그럼 뭐해… 엄마, 아빠 맨날 안 된다고만 하는데…

고마워!
잘 가!

걱정 마!
넌 꼭 강 박사가 될 거야!
내가 응원할게!

휴우···

재미와 감동이 있는
괜찮은 이야기네.
나중에 글로
써봐야지.

아빠는 집에서
일하는 글 작가

흠··· 강 박사를
몰라주다니···

슥 슥 슥

아저씨도
강 박사 아세요?

그럼! 나도 우주 용사
하이퍼 애청자라고!

늘
본방시수하는 걸?

게다가··· 강 박사는
어딘가 나하고 비슷하기도
하고~

하나도 안 닮았는데요…

사실 나도 강 박사와 같은 일을 하기든.

놀랄 만도 하지.

네에?

놀리지 마세요, 그럴 기분 아니라고요…

엥?

그럼 전 이만…

놀리는 거 아닌데…

정말이야. 아저씨는 로켓을 만드는 발사체 개발자야.

!

정말요?

정말이라니까?

그동안 외국의 우주선 개발 회사에서 일하다가 이번에 우리나라로 돌아왔어.

와아

나도 강 박사처럼 우리나라의 회사에서 로켓을 만들어보려고 말이야!

와! 아저씨가 만든 우주선은 어떤 거예요?

아저씨 우주선도 블랙홀 통과할 수 있어요?

하하...

하하하… 좋아, 좋아!

그럼 우선 강 박사에 대해 이야기해 볼까?

이런 건 내가 전문이지!

거기에 엔진 달고!

저기에 레이더를 달도록!

우주 용사 하이퍼의 강 박사는 말하자면 항공우주 공학자야!

항공… 우주… 공학자?

그래! 항공우주 공학자란 하늘과 우주를 비행하는 비행기와 우주선, 또 인공위성이나 로켓 등을 개발하는 사람들이지!

와! 맞아요! 그게 바로 제가 하고 싶은 일이에요!

항공우주 공학자가 되려면 뭘 해야 하죠?

하하…

어서 알려주세요!

흠… 우선 하늘과 우주에 관심이 많아야겠지? 그리고…

21

그리고 공부도 열심히 해야 하고!

고, 공부?

공부를 별로 좋아하진 않지만… 강 박사처럼 될 수 있다면 열심히 할 기에요!

음, 준비가 된 것 같군!

그렇다면 뭘 공부해야 하는지 알려주지!

대학에는 미래의 강 박사들을 키우는 '항공우주공학과'라는 학과가 있단다.

항공우주공학과

국일대학교

항공우주공학과에선 뭘 배우나요?

항공우주공학은 크게 항공과 우주로 나뉘는데, 항공은 지구의 대기권에서 움직이는 비행기를, 우주는 대기권 밖의 우주에서 움직이는 로켓이나 우주선을 공부해.

여기까지가 항공의 영역!

여긴 우주의 영역!

항공우주공학과에 대하여

항공우주공학과는 항공기나 우주선 등을 다루는 인재를 키워내기 위한 학과입니다. 항공우주공학의 특성상 다양한 학문이 유기적으로 결합되어 있어요.

항공우주공학과의 가장 기본적인 과목은 재료 및 구조역학, 공기 및 유체역학, 열역학, 동역학, 전기신호 및 시스템 회로, 제트 엔진, 로켓 추진, 제어, 프로그래밍, 통계 등이고, 여기에 추가로 우주탐사, AI 융합공학 등도 배우게 돼요. 항공우주공학과가 개설된 대학교는 서울대학교, 카이스트, 한국항공대학교, 부산대학교 등이 있어요.

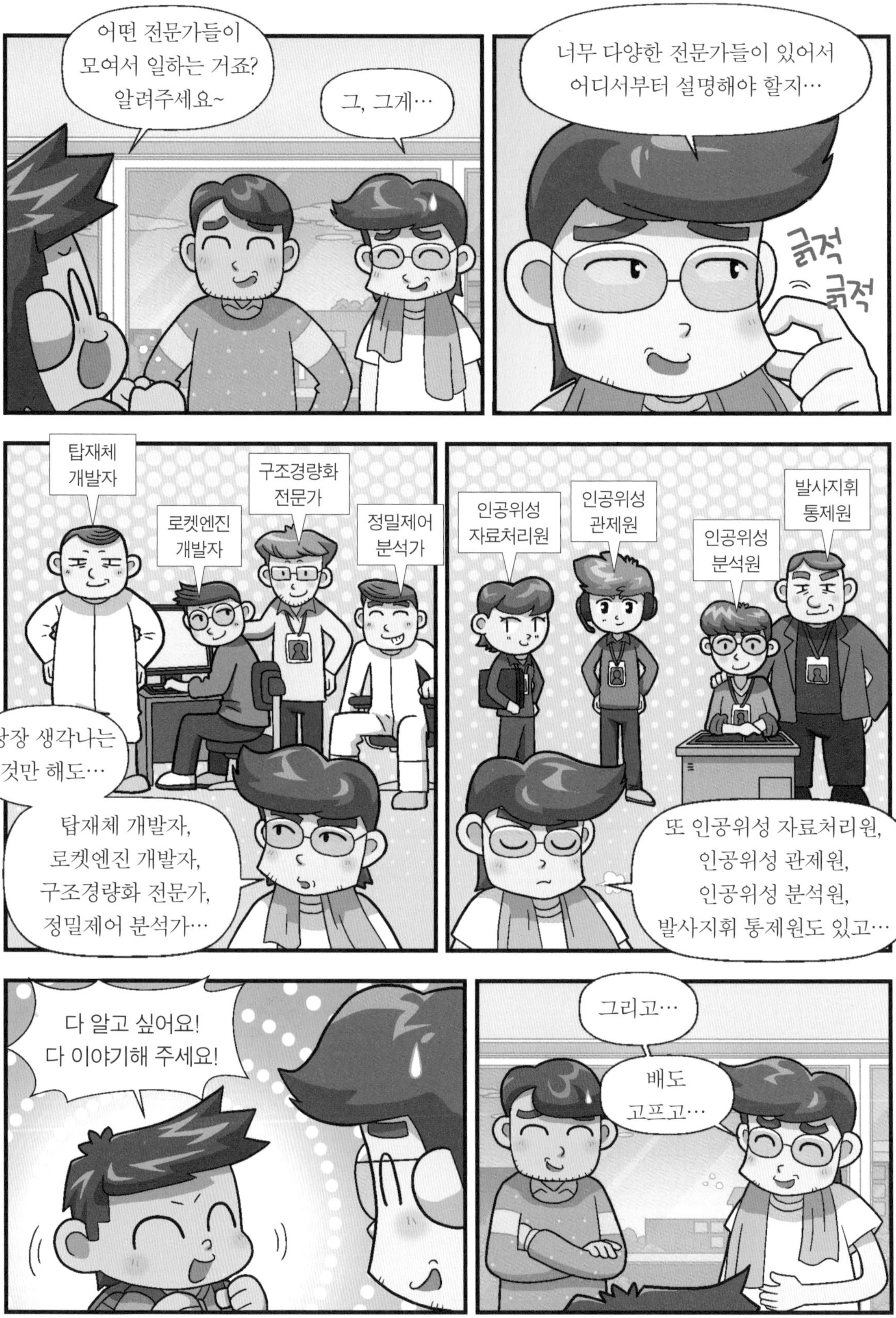

어떤 전문가들이 모여서 일하는 거죠? 알려주세요~
그, 그게…
너무 다양한 전문가들이 있어서 어디서부터 설명해야 할지…
긁적 긁적
탑재체 개발자
로켓엔진 개발자
구조경량화 전문가
정밀제어 분석가
당장 생각나는 것만 해도…
탑재체 개발자, 로켓엔진 개발자, 구조경량화 전문가, 정밀제어 분석가…
인공위성 자료처리원
인공위성 관제원
인공위성 분석원
발사지휘 통제원
또 인공위성 자료처리원, 인공위성 관제원, 인공위성 분석원, 발사지휘 통제원도 있고…
다 알고 싶어요! 다 이야기해 주세요!
그리고…
배도 고프고…

좋아! 그럼 일단 맛있는 저녁을 먹고 이야기를 시작해 볼까?

내가 실력 좀 발휘해 보지!

와! 요리도 할 줄 알아?

와아

무슨 소리! 이래 봬도 우리집 식사 준비를 담당하고 있다고!

탁탁탁탁

우리 아빠, 요리 엄청 잘해요!

난 아직도 라면밖에 못 끓이는데…

하하하하

우주선도 밥을 먹어야 만들지!

맞아!

엄마도 곧 퇴근하신대요!

25

로켓이란?

하늘로 날아올라 우주공간을 비행하고 탐험할 수 있는 추진기관을 가진 비행체를 로켓이라고 해요. 비행기가 하늘에서 다닌다면 로켓은 우주에서 움직이는 비행체인 것이에요. 로켓에 대해 자세히 알아볼까요?

로켓의 어원은 이탈리아어인 rocchetto를 영어로 rocket이라고 번역한 것에서 비롯됐어요. rocchetto는 '물레에 거는 실감개'라는 뜻으로 실이 감긴 실감개의 모양이 로켓의 탄두 모양과 비슷하여 이런 이름이 붙었어요. 로켓은 대기에서 빠른 속도를 내기 위해 보통 탑재 장비를 싣는 원추형 앞부분(nose cone)과 같은 공기역학적인 유선형 몸체로 설계된답니다.

로켓은 우주로 나아가는 기본적인 도구이자 비행체예요. 로켓 엔진으로부터 분사추진을 얻어 비행하는 미사일, 우주선, 우주발사체가 모두 로켓이에요. 로켓에 핵탄두 같은 무기를 실으면 군사용으로 쓰이는 미사일이 되고, 인공위성 등 우주비행체를 실으면 우주발사체가 되는 것이지요.

로켓은 연료와 산화제를 가지고 있으며, 고온·고압의 연료가스를 발생시키고 분출시켜 그 반동력으로 전진해요. 로켓은 산화제를 내장하고 있어 산소가 필요없기 때문에 공기가 없는 우주를 날아다닐 수 있어요. 즉 우주에서는 내부의 연료를 태워서 고압가스를 엔진의 노즐 밖으로 내뿜는 것을 이용해 앞으로 나아가요.

하지만 로켓이 우주에서만 나는 것은 아니에요. 이 세상 어디에서나 날아다닐 수 있어요. 즉 물속이나 하늘, 우주까지도 날아다닐 수 있는 유일한 동력 장치랍니다.

로켓은 추진제 탱크, 추진제 공급 시스템, 연소실 및 노즐로 구성되어 있어요. 또한 1개나 그 이상의 로켓 엔진, 방향 안정 장치와 이 부품들을 모두 받쳐주는 구조물을 가지고 있어요.

아저씨의 정체

다음 날

와! 강 박사 왔다!

하하하

훗! 너희들이 뭘 알겠냐···

강 박사다!

···

강 박사!

무슨 좋은 일 있어?

그럼! 엄청난 일이 있었지!

하하하

하하

조용히 해!

시끄러워 죽겠네!

짤끔

깜짝

너무 화내지 마. 애들이 뭘 알겠어.

두리번 두리번

사실 우리집에 강 박사의 동료가 와 계시거든.

뭐어?

진짜라니까? 못 믿겠다면 우리집에 와 볼래?

얘들아, 안녕~

안녕하세요!

룰 루 랄 라

너무 큰 충격을 받았나 봐…

나 참~ 진짜라니까~

…

아무래도 집에 가서 확인해 봐야겠어!

방과 후

너 우리집에 오면 깜짝 놀랄 걸?

그런데, 그 동료도 강 박사처럼 생겼어?

글쎄… 그런가?

어쨌든 우주선 만드는 사람이면 된 거잖아?

그건 그래.

아빠! 저 다녀왔어요!

안녕하세요!

아빠는 잠깐 장보러 가셨어.

저 분이 내가 말한 강 박사 동료야.

그렇구나.

내가 소개해 줄게!

아저씨, 저 들어가도 돼요?

똑똑

아저씨! 같은 반 친구를 소개해 드리려고 같이 왔어요!

!

아! 벼리 친구구나! 반가워!

정말 강 박사 동료 맞아?

맞아!

하하하

내가 강 박사처럼 멋지지는 않지만!

정식으로 소개할게!

난 우주발사체를 개발하는 벼리 아빠 친구 장 박사란다!

와! 정말 우주선을 만드는 분이신가요?

정확히 말하자면 우주선을 쏘아 올리는 로켓을 만드는 사람이지!

거 봐! 내 말 맞지?

정말이네!

우주선과 로켓은 다른 건가요?

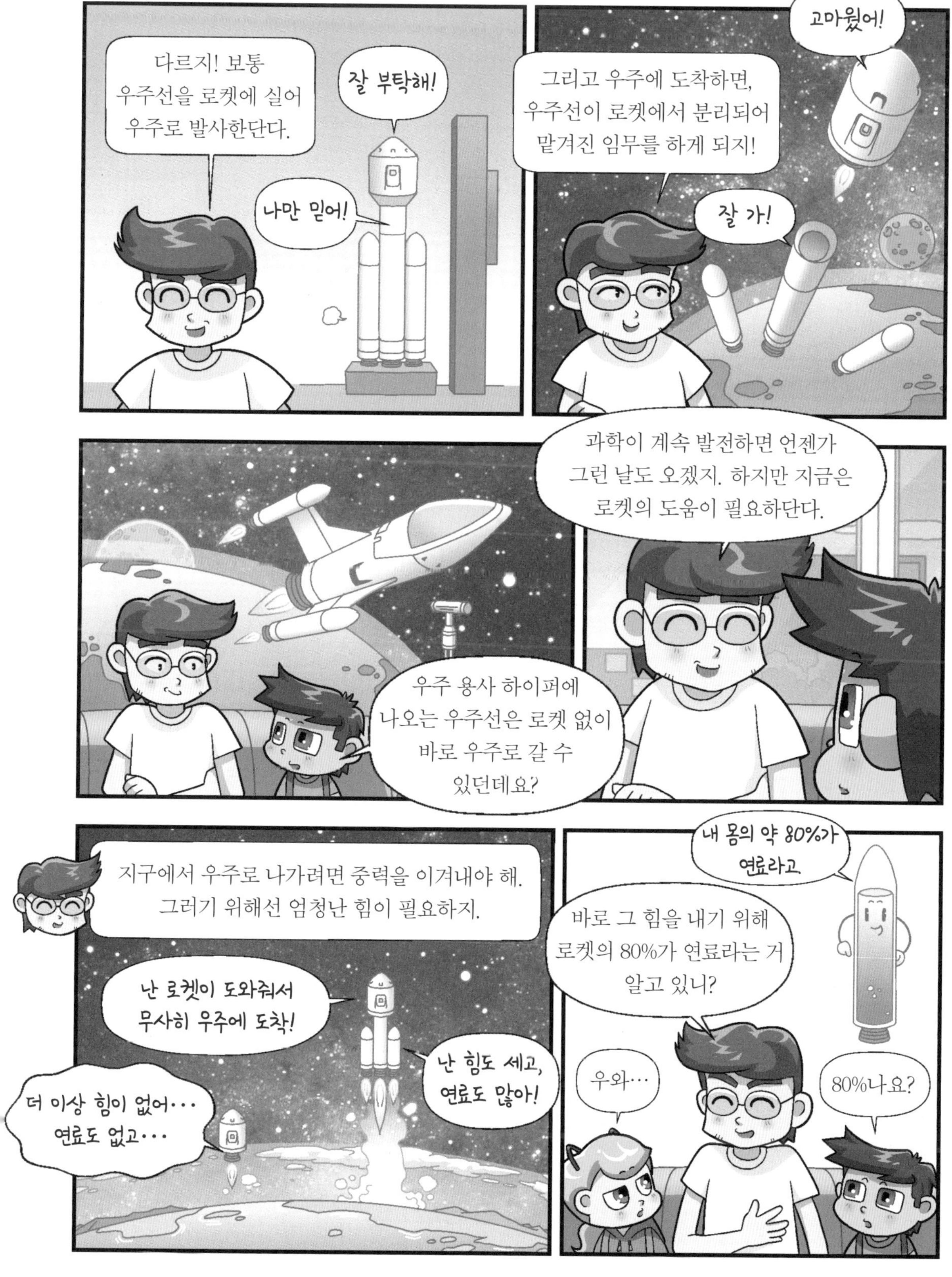
다르지! 보통 우주선을 로켓에 실어 우주로 발사한단다.
잘 부탁해!
나만 믿어!
그리고 우주에 도착하면, 우주선이 로켓에서 분리되어 맡겨진 임무를 하게 되지!
고마웠어!
잘 가!
우주 용사 하이퍼에 나오는 우주선은 로켓 없이 바로 우주로 갈 수 있던데요?
과학이 계속 발전하면 언젠가 그런 날도 오겠지. 하지만 지금은 로켓의 도움이 필요하단다.
지구에서 우주로 나가려면 중력을 이겨내야 해. 그러기 위해선 엄청난 힘이 필요하지.
난 로켓이 도와줘서 무사히 우주에 도착!
난 힘도 세고, 연료도 많아!
더 이상 힘이 없어··· 연료도 없고···
바로 그 힘을 내기 위해 로켓의 80%가 연료라는 거 알고 있니?
내 몸의 약 80%가 연료라고.
우와···
80%나요?

그럼 아저씨가 만든 로켓도 있어요?

그럼! 내가 개발에 참여한 로켓이 발사되는 것도 여러 번 봤는 걸?

우와!

멋지다!

그럼 아저씨는 로켓 만들 때 어떻게 만들어요? 저도 배우고 싶어요!

아하…
내가 하고 있는 일이 궁금한 모양이구나.

사실 로켓은 혼자서 만들 수 있는 게 아니야. 우주로 날아가는 로켓 한 대를 만들기 위해서는 다양한 분야의 전문가들이 필요해.

발사체 개발자

인공위성 개발자

구조경량화 전문가

항공우주 공학자

전기전자 전문가

로켓엔진 개발자

난 그중에서 발사체 개발을 맡고 있지!

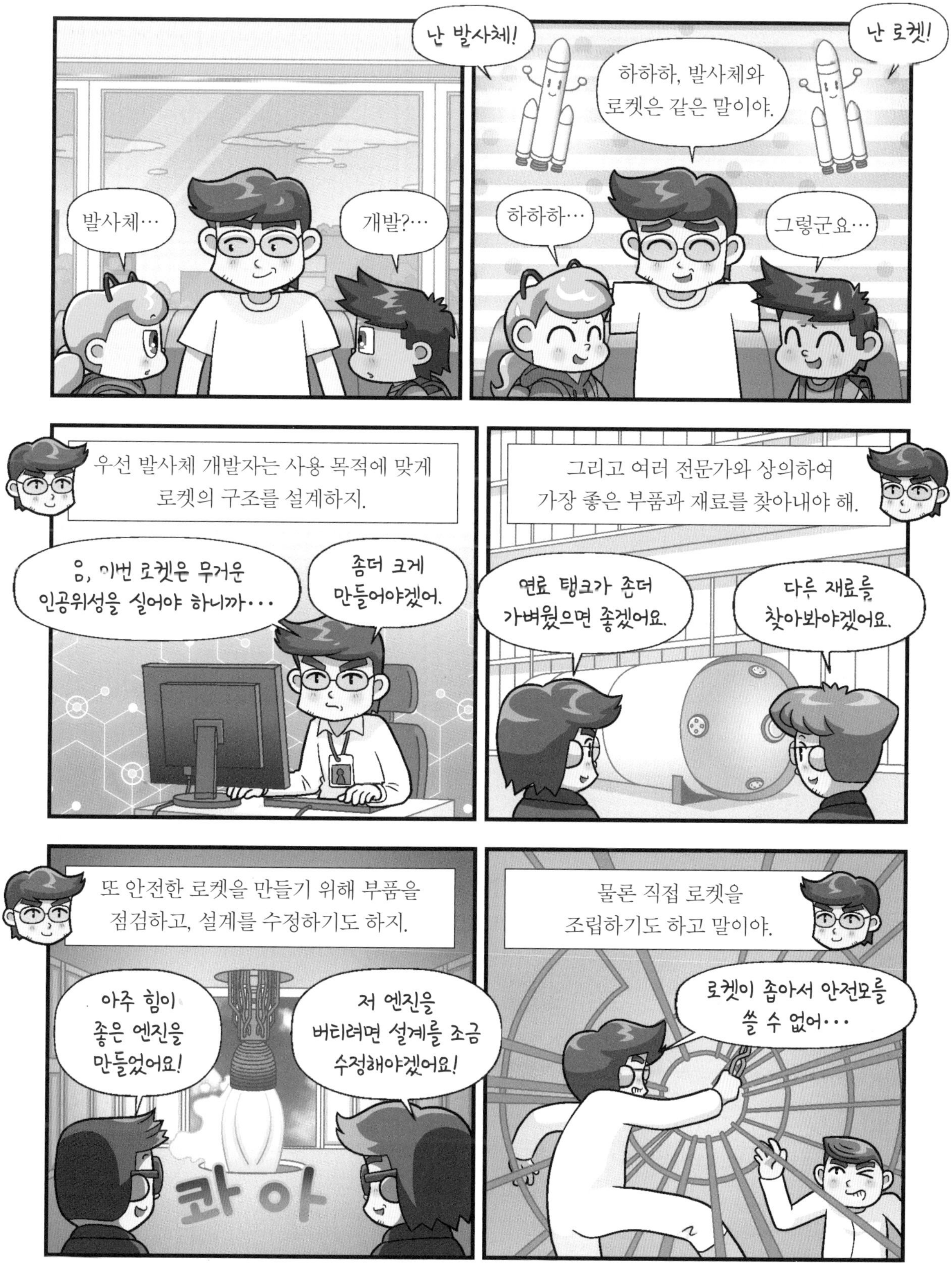
발사체…
개발?…
난 발사체!
하하하, 발사체와 로켓은 같은 말이야.
난 로켓!
하하하…
그렇군요…
우선 발사체 개발자는 사용 목적에 맞게 로켓의 구조를 설계하지.
음, 이번 로켓은 무거운 인공위성을 실어야 하니까…
좀더 크게 만들어야겠어.
그리고 여러 전문가와 상의하여 가장 좋은 부품과 재료를 찾아내야 해.
연료 탱크가 좀더 가벼웠으면 좋겠어요.
다른 재료를 찾아봐야겠어요.
또 안전한 로켓을 만들기 위해 부품을 점검하고, 설계를 수정하기도 하지.
아주 힘이 좋은 엔진을 만들었어요!
저 엔진을 버티려면 설계를 조금 수정해야겠어요!
콰아
물론 직접 로켓을 조립하기도 하고 말이야.
로켓이 좁아서 안전모를 쓸 수 없어…

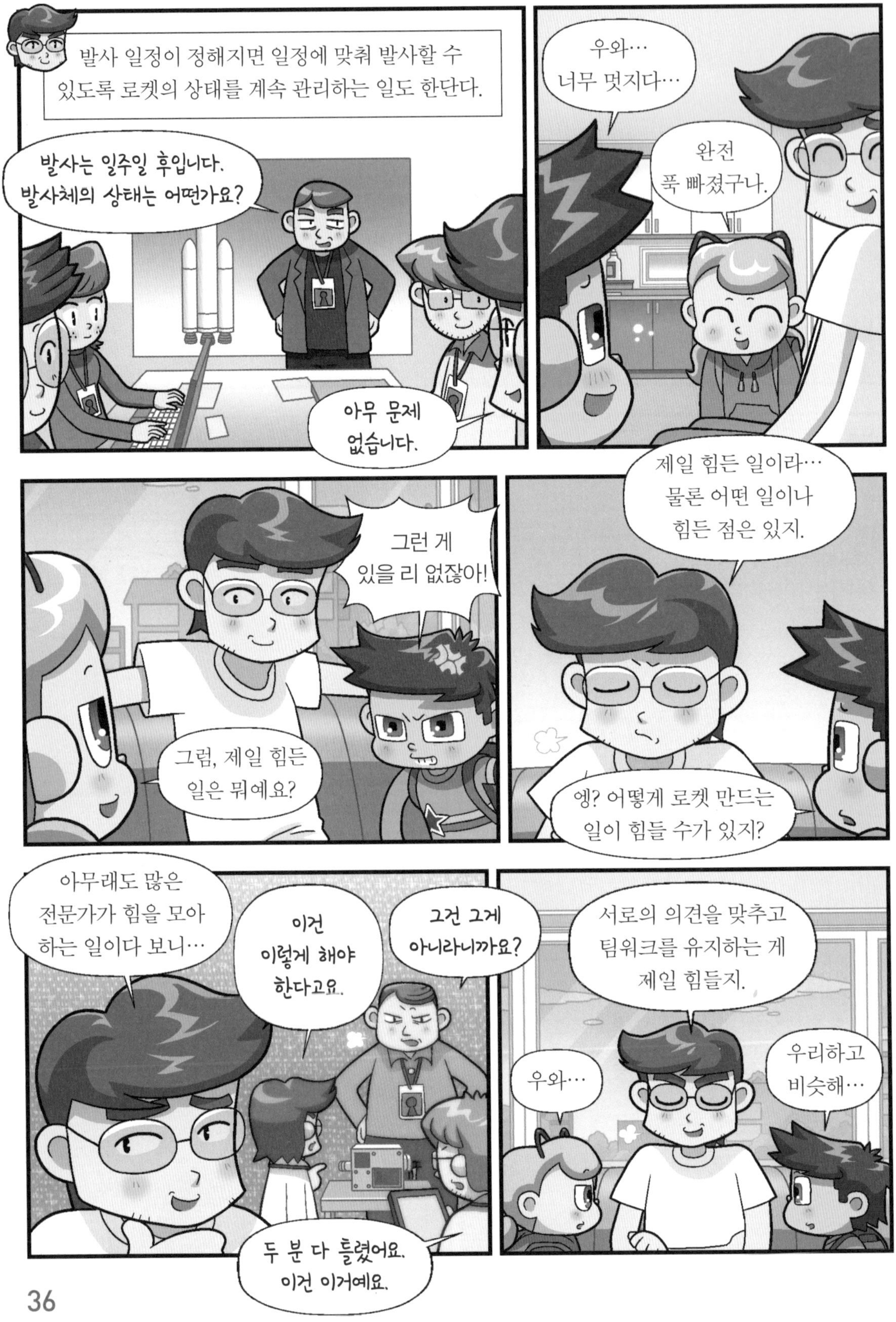

발사 일정이 정해지면 일정에 맞춰 발사할 수 있도록 로켓의 상태를 계속 관리하는 일도 한단다.
발사는 일주일 후입니다. 발사체의 상태는 어떤가요?
아무 문제 없습니다.
우와… 너무 멋지다…
완전 푹 빠졌구나.
그런 게 있을 리 없잖아!
그럼, 제일 힘든 일은 뭐예요?
제일 힘든 일이라… 물론 어떤 일이나 힘든 점은 있지.
엥? 어떻게 로켓 만드는 일이 힘들 수가 있지?
아무래도 많은 전문가가 힘을 모아 하는 일이다 보니…
이건 이렇게 해야 한다고요.
그건 그게 아니라니까요?
두 분 다 틀렸어요. 이건 이거예요.
서로의 의견을 맞추고 팀워크를 유지하는 게 제일 힘들지.
우와…
우리하고 비슷해…

그럼 좋은 점도 이야기해 주세요! 좋은 점도 많죠?

훗…

엄청 많고말고! 우선 내가 좋아하는 일이고, 우주에 가는 일이잖아!

또 서로 싸우기도 하지만, 모두 힘을 모아 만들어낸 로켓이 발사되는 모습을 보면 세상에서 제일 행복한 기분이 되지.

로켓 기술은 알려줄 수 없지!

스스로 개발해야 해!

우리나라도 개발할 수 있지!

그리고 로켓은 다른 나라에서 배울 수 있는 기술이 아니란다. 모든 나라가 독자적으로 개발해야 하는 기술이야.

그래서 로켓을 만들 때마다 우리나라를 위해 뭔가 해냈다는 생각도 든다고!

우리도 이제 우주로 갈 수 있어!

들었지? 얼마나 멋진 일인지?

좋아, 인정!

그럼 아저씨는 어떤 회사에서 일하세요?

아저씨도 나사(NASA) 같은 데서 일하세요?

오오! 나사도 알고 있다니, 우주개발에 관심이 많은 모양이구나!

미국항공 우주국 이잖아요.

우주 용사 하이퍼에 나오거든요.

우주 용사 하이퍼 본방사수 하신다더니…

하하하

맞아요… 진짜 팬이 아닌가 봐…

어쨌든 난 민간 우주기업에서 일하려고 해!

긁적

민간…

우주… 기업?

국영 우주개발 기관과 민간 우주기업

그동안 우주개발은 나라, 즉 국영 우주개발 기관에서 운영하고 관리해왔어요. 하지만 지금은 세계 여러 나라에서 민간사업자가 운영하는 우주기업들이 생겨나고 있어요. 민간 우주기업들은 나라에서 운영하는 우주 기관보다 더 적은 비용으로 로켓을 발사하는 기술을 연구했고, 지금은 대표적인 국영 우주개발 기관인 나사도 민간 우주기업의 로켓을 빌려 타고 있다고 해요. 하지만 아직도 먼 우주의 탐사나, 장기적인 계획이 필요한 우주개발은 나라에서 관리하고 있고, 민간 우주기업들은 지구와 가까운 우주에서 사업을 확장하고 있어요. 대표적인 국영 우주개발 기관으로 미국항공우주국, 러시아 연방 우주국(RSA, RKA) 등이 있고 민간 우주기업으로 일론 머스크가 세운 스페이스X 와 블루 오리진 등이 있어요.

게다가 이번에 우리나라의 민간 우주기업들에게 좋은 소식이 있었거든.

좋은 소식?

그게 뭐지?

바로 2020년 7월 28일에 있었지!

어? 얼마 전 일이네요?

그날 무슨 일이 있었어요?

바로 그날 '한미 미사일 지침'이 개정되었다는 발표가 있었어.

대 한 민 국
청 와 대

이제부터는 액체연료 로켓뿐만 아니라, 고체연료 로켓, 그리고 액체와 고체를 같이 사용하는 하이브리드연료 로켓까지 자유롭게 개발할 수 있게 되었어.

난 액체연료 로켓!

난 고체연료 로켓!

수많은 민간 우주기업들이 우주로 나갈 기회가 더 많아진 거야!

…

무슨 말인지 모르겠어요!

연료하고 우주로 나갈 기회하고 무슨 상관이죠?

하하하… 너무 혼자서 신이 났구나…

우리 쌍둥이 아니었어?

무슨 소리! 우린 서로 다르다고!

액체연료 로켓

고체연료 로켓

로켓의 연료엔 액체연료와 고체연료가 있는데, 각각 다른 장단점이 있단다. 우선 액체연료는…

고체연료 로켓보다 효율이 좋아 멀리 나갈 수 있고, 엔진 추력도 정밀하게 조절할 수 있어서 좋지!

힘은 내가 최고!

액체연료 로켓

난 까다로운 로켓이라고!

액체연료 로켓

연료

하지만 발사할 때마다 오랜 시간 연료를 주입해야 하고, 로켓의 엔진도 훨씬 복잡하지.

그래서 작은 규모의 민간 우주기업들이 시도하기엔 어려운 점이 많단다.

아하…

그렇겠네요.

하지만 고체연료 로켓이라면 얘기가 다르지!

난 먼저 갈게!

우리도 바로 따라갈게!

나도!

나도!

슈웅ー

고체연료 로켓은 발사할 때마다 연료를 주입할 필요가 없고…

난 단순한 로켓이라고.

우리도 우주로 진출한다!

민간우주기업

고체연료 로켓

구조가 복잡하지 않아서 작은 규모의 민간 우주기업들이 바로 도전하기에 적합하지!

힘은 내가 더 좋아!

힘이 좀 부족한 걸…

액체연료 로켓

고체연료 로켓

하지만 액체연료 로켓보다 힘이 약하고 정밀한 추력 조절이 어려운 단점이 있지.

하지만 꼭 힘세고 큰 로켓만 필요한 건 아니야. 작은 로켓들도 할 수 있는 일이 많거든.

아하…

우린 작지만 강하지!

게다가 요즘은 우주개발에 뛰어든 기업들이 많아지면서 작은 크기의 민간 인공위성을 많이 만들고 있거든.

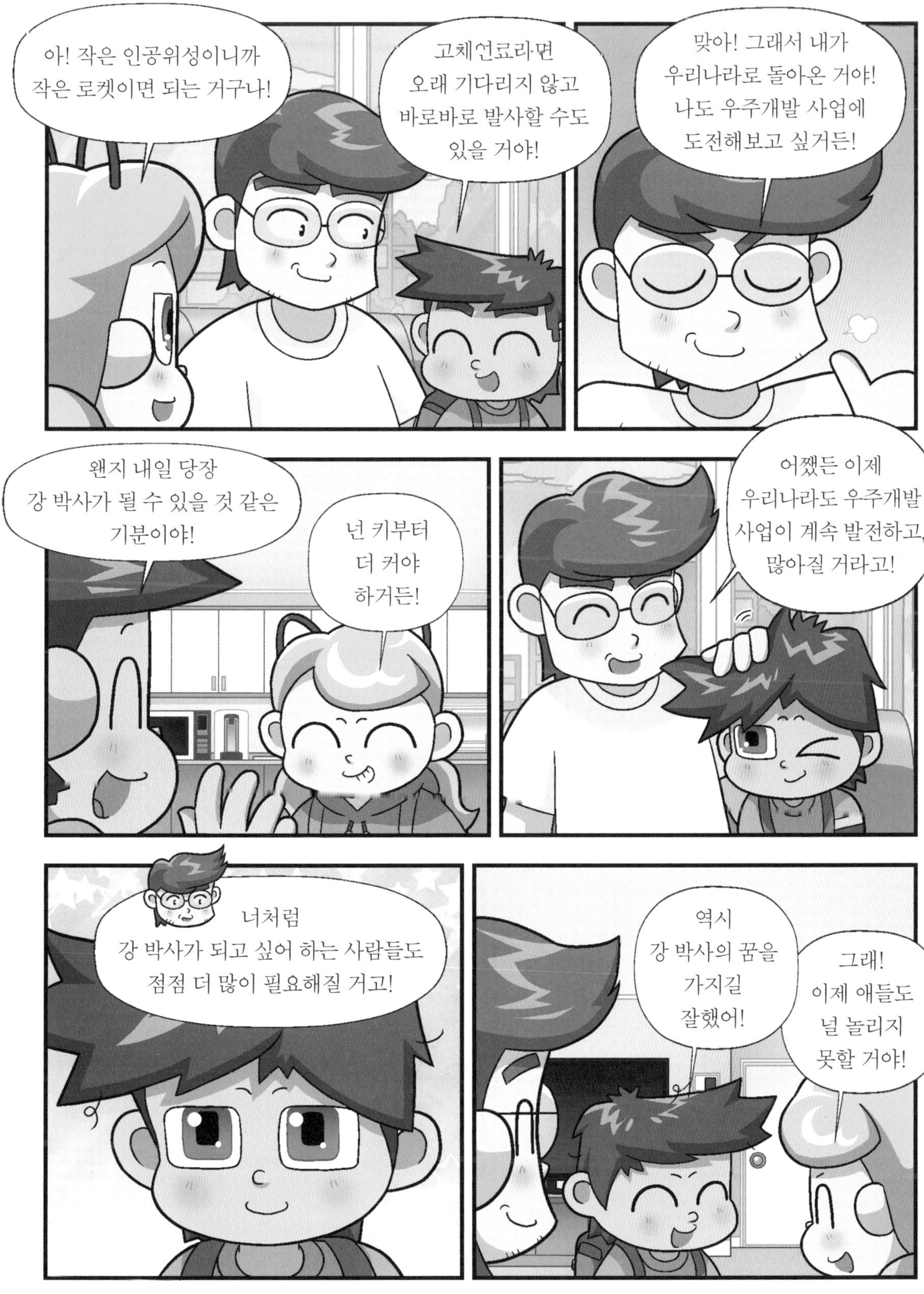
아! 작은 인공위성이니까 작은 로켓이면 되는 거구나!
고체연료라면 오래 기다리지 않고 바로바로 발사할 수도 있을 거야!
맞아! 그래서 내가 우리나라로 돌아온 거야! 나도 우주개발 사업에 도전해보고 싶거든!
왠지 내일 당장 강 박사가 될 수 있을 것 같은 기분이야!
넌 키부터 더 커야 하거든!
어쨌든 이제 우리나라도 우주개발 사업이 계속 발전하고, 많아질 거라고!
너처럼 강 박사가 되고 싶어 하는 사람들도 점점 더 많이 필요해질 거고!
역시 강 박사의 꿈을 가지길 잘했어!
그래! 이제 애들도 널 놀리지 못할 거야!

어? 못 보던 신발이 있네?

학교 다녀왔습니다! 친구도 같이 왔어요.

안녕하세요!

아~ 은아도 왔구나!

어? 제 이름도 아세요?

학교 참관수업 때 장기자랑 한다고 네가 춤췄던 거 기억나. 정말 멋진 춤이었지!

와아…

쟤가 또…

와아

와

은아는 케이팝 최고의 걸그룹 아이돌이 꿈이래요!

그래? 그럼 은아 나오는 방송은 무조건 본방사수 해야겠다!

헤헤…

그럼 온 김에 저녁 먹고 가렴! 나중에 유명해지면 만나기 어려울 테니까.

거기 두 사람은 빨래 좀 걷어서 개지 그래?

오케이!

넵!

오늘 저녁은 비장의 특급 된장찌개!

보글

보글

우와! 우리 엄마보다 더 잘하시는 거 같아요!

보글

보글

후훗, 사실 벼리 엄마도 날 이길 순 없단다.

자! 이제 먹자!

와! 이거 제대론데!

잘 먹겠습니다!

로켓의 역사

우주를 향한 인류의 관심과 열정은 아주 오래 전부터 이어져왔어요. 하늘보다 높은 곳에 무엇이 있는지 궁금해 그곳으로 향하는 로켓을 만드는 노력도 오래 전에 시작되었고요. 로켓은 누가, 언제부터 개발하기 시작했는지 로켓의 역사에 대해 알아볼까요?

428~347 B.C

그리스의 철학자이자, 수학자, 천문학자였던 아르키타스는 증기나 압축 공기 분출로 추진되는 작은 새 모양의 장치를 만들어 쏘아 올렸어요. 이것이 로켓 추진력을 이용한 최초의 장치예요.

A.D. 1232

중국에는 A.D. 1세기에 기본적인 형태의 로켓이 있었어요. 초석, 황, 목탄 분진 혼합물을 점화하면 화려한 불꽃과 연기가 만들어졌어요. 폭죽을 만들 때 대나무와 가죽으로 만든 관의 한쪽 끝을 막고 화약을 넣었어요. 열린 쪽 끝에서 나오는 가스로 생긴 추력 때문에 폭죽은 사방으로 질주했는데 이렇게 로켓이 탄생했어요. 1232년 카이펑 전투에서 이 원시 로켓을 화살에 달아 몽골 침입자들을 쫓아내는 데 사용했어요.

16세기

명조 중엽에 살았으며 중국 점성가였던 완후는 우주 비행을 꿈꿨다고 해요. 그는 의자를 만들어 바닥에 47개의 화약 로켓을 달고, 47명의 보조자가 동시에 모든 로켓의 도화선에 불을 붙였다고 해요. 커다란 폭발이 있었는데 연기가 걷히자 완후는 보이지 않았다고 해요. 그 당시 완후가 어떻게 되었는지 모르지만 로켓을 이용해 우주로 간다는 완후의 생각은 이루어졌어요.

1600~1651년

폴란드 왕립 포병 연대 사령관이던 케이시는 대포와 로켓 분야 전문가였어요. 그는 다단 로켓 도안을 발표했는데 이것은 우주로 발사될 로켓의 기본 기술이 되었어요. 그는 군사 로켓 발사용 배터리와 현재 군사 로켓에 사용되는 유도 막대를 대신하는 삼각 안정 장치도 제안했어요.

1882~1945년

미국 대학 교수이자 과학자인 로버트 고더드는 1916년 고체추진제를 사용한 실험기를 제작하여 비행에 성공하였어요. 그리고 1926년 3월 16일에 세계 최초의 액체추진제 로켓을 만들어 발사했어요. 12.5m 밖에 올라가지는 못했지만 이 발사는 43년 후 새턴 V호 달 로켓의 시초가 되었어요. 고더드는 실험을 계속하면서 비행 중 로켓을 제어하는 자이로스코프 시스템, 낙하산 회수 시스템을 개발한 덕에 '현대 로켓의 아버지'라고 불린답니다.

1912~1977년

독일 출신의 미국인 로켓 연구가인 베르너 폰 브라운은 1936년부터 독일의 장거리 탄도미사일 A-4의 설계주임으로 활약하여 1942년에 이를 완성했어요. A-4는 1944년 V-2로 명명되어 오늘날의 탄도로켓 유도탄과 인공위성 발사용 로켓으로 발전했어요. 베르너는 독일 패전 후 미국으로 넘어가 1960년 이후에 나사에 소속되어 아폴로 계획을 비롯한 우주개발계획에 중요한 역할을 하였답니다.

새로운 동료

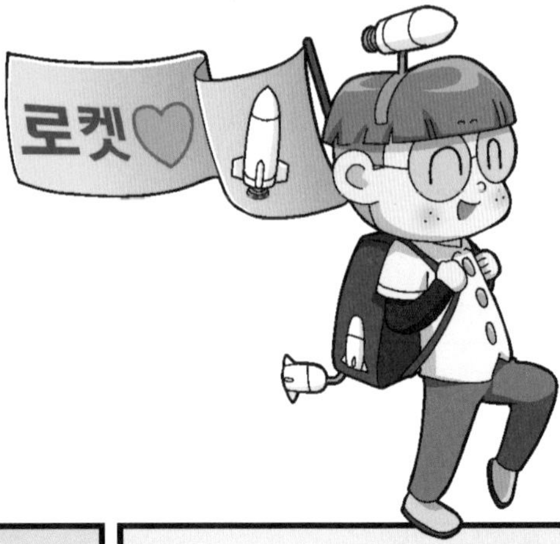
로켓♥

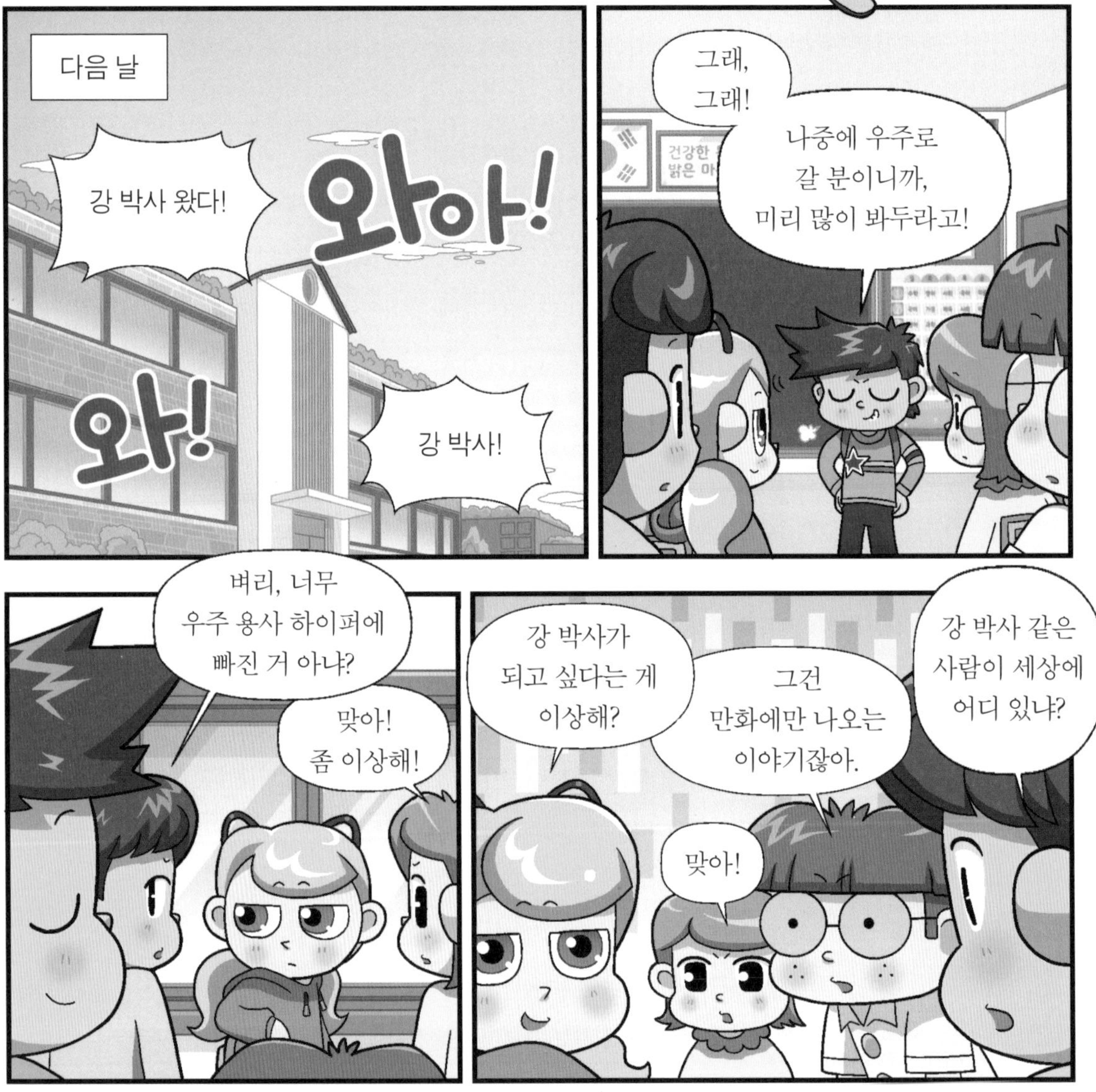
다음 날
강 박사 왔다!
와아!
와!
강 박사!
그래, 그래!
나중에 우주로 갈 분이니까, 미리 많이 봐두라고!
벼리, 너무 우주 용사 하이퍼에 빠진 거 아냐?
맞아! 좀 이상해!
강 박사가 되고 싶다는 게 이상해?
그건 만화에만 나오는 이야기잖아.
강 박사 같은 사람이 세상에 어디 있냐?
맞아!

있어. 그것도 벼리네 집에.

뭐?

벼리네 집에 강 박사가 있다고?

강 박사는 아니고, 강 박사와 같은 일을 하는 아저씨야.

우와!

말도 안 돼!

강 박사가 진짜라니!

그런 아저씨가 진짜 있다면, 나도 공무원 말고 강 박사 할래!

우와…

그 아저씨를 만나려면 벼리한테 말 잘해야 할 걸?

난 고체연료 로켓!

난 액체연료 로켓!

푸쉬이이이이…

난 관심 없어졌어.

나도.

난 그 아저씨 만나고 싶어!

방과 후

벼리네 집엔 치음 가보는 거 같아.

벼리 아빠, 요리 엄청 잘해서.

맞아. 정말 최고지!

우와… 대단하다. 우리 아빠도 가끔 짜장라면 만들어주서. 낫은 별로지만…

저기가 우리집이야.

와아…

저기에 우주선 만드는 아저씨가 있단 말이지… 기대된다…

아빠! 아저씨! 다녀왔습니다!

안녕하세요!

안녕하세요…

어서 와! 우주선 성능 테스트 중이야!

어서 오렴! 출판사와 통화 중이야!

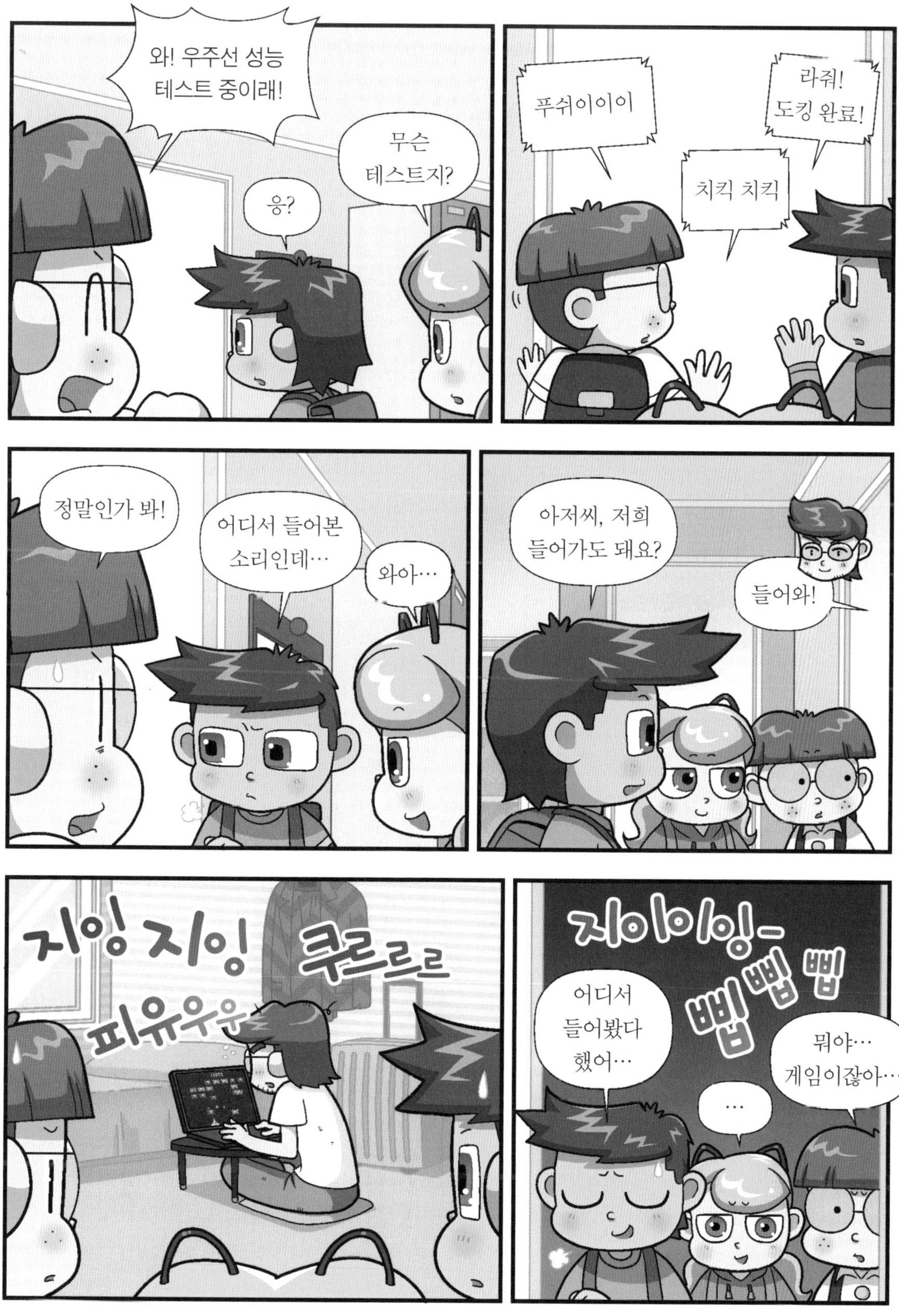

와! 우주선 성능 테스트 중이래!
응?
무슨 테스트지?
푸쉬이이이
치킥 치킥
라줘! 도킹 완료!
정말인가 봐!
어디서 들어본 소리인데…
와아…
아저씨, 저희 들어가도 돼요?
들어와!
지잉 지잉
쿠르르르
피유우우
지이이잉-
삡 삡 삡
어디서 들어봤다 했어…
…
뭐야… 게임이잖아…

실망시켜서 미안하구나!

이, 아뇨…

하하…

헤헤…

하지만 벼리와 은아의 말이 맞아. 난 로켓을 만드는 개발자야.

정말요? 진짜로 로켓 만드는 일을 하세요?

그럼! 내가 만든 로켓을 타고 우주로 간 인공위성들이 지금도 지구를 돌고 있는 걸?

우와!!!

저도 사실은 강 박사가 되고 싶었어요!

공무원보다 강 박사가 더 좋았었다고요!

가만 보니 너의 동료가 등장한 거 같구나.

그, 그런가 봐요…

로켓은 많은 전문가가 힘을 모아야만 만들 수 있는 아주 정밀한 기계야.

전기전자 전문가

로켓엔진 개발자

정밀제어 분석가

구조경량화 전문가

발사체 개발자

컴퓨터 프로그래머

난 그중에서 발사체 개발을 맡고 있지!

하지만 나만의 힘으론 로켓을 날게 할 수 없어. 반드시 같이 일하는 동료가 필요하지.

혼자선 날 수 없어…

발사체

전자 장비

로켓 엔진

당연하지! 내가 있어야 힘이 나는 거라고!

내가 없으면 어디로 나는지도 모를 걸?

그럼 오늘은 벼리의 새로운 친구도 왔으니, 나의 동료가 하는 일을 소개해 볼까?

좋아요!

이 정도는 돼야, 우주로 날아갈 수 있어!

로켓이 힘을 내려면 아주 높은 압력의 연료를, 아주 높은 온도로 빠르게 태워야 해.

바로 그런 일을 하는 장치가 로켓엔진이지!

내가 바로 로켓엔진 개발자!

엔진?

차에 들어 있는 그거?

하하하! 차에 들어 있는 것도 엔진이지. 어떤 종류의 에너지이든, 그것을 물리적인 힘으로 바꾸는 기계를 엔진이라고 부른단다.

에너지

엔진

힘

난 휘발유를 폭발시켜서 힘을 내.

난 고체나, 액체연료를 태워서 강하게 뿜어내지!

엔진은 주로 연료를 태워 힘을 내고, 그 힘으로 바퀴를 굴리거나, 하늘을 날게 하는 거지.

로켓엔진 개발자는 언제나 더 나은 효율을 위해 고민하고 연구한단다.

어떻게 해야 더 효율을 높일 수 있을까?

효율?

효율이 뭐지?

?

너희들 혹시 자동차의 연비라는 말 들어봤니?

들어봤어요! 아빠가 연비 좋은 차를 사야 한댔어요!

맞아! 연비 좋은 차가 기름도 적게 든다고 했어요!

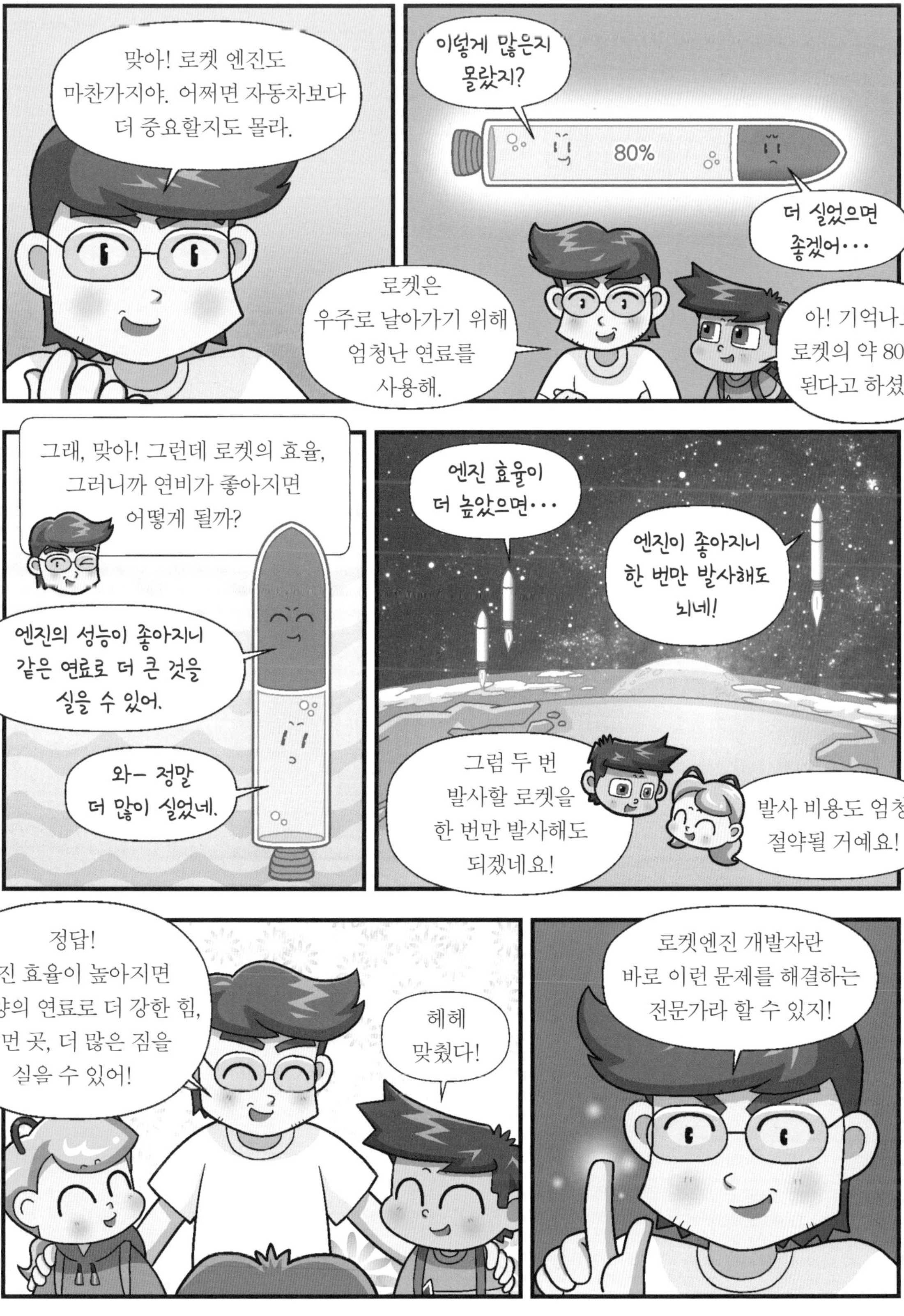

맞아! 로켓 엔진도 마찬가지야. 어쩌면 자동차보다 더 중요할지도 몰라.
이렇게 많은지 몰랐지?
80%
더 실었으면 좋겠어···
로켓은 우주로 날아가기 위해 엄청난 연료를 사용해.
아! 기억나요! 로켓의 약 80%나 된다고 하셨죠?
그래, 맞아! 그런데 로켓의 효율, 그러니까 연비가 좋아지면 어떻게 될까?
엔진의 성능이 좋아지니 같은 연료로 더 큰 것을 실을 수 있어.
와— 정말 더 많이 실었네.
엔진 효율이 더 높았으면···
엔진이 좋아지니 한 번만 발사해도 되네!
그럼 두 번 발사할 로켓을 한 번만 발사해도 되겠네요!
발사 비용도 엄청 절약될 거예요!
정답! 엔진 효율이 높아지면 같은 양의 연료로 더 강한 힘, 더 먼 곳, 더 많은 짐을 실을 수 있어!
헤헤 맞췄다!
로켓엔진 개발자란 바로 이런 문제를 해결하는 전문가라 할 수 있지!

로켓엔진 개발자는 열을 식히는 장치도 만들어야 해.

열을 식힌다고요?

더 강하게 불을 뿜어야 하는 거 아니었어요?

맞아! 그래서 열을 식히는 장치가 중요한 거야!

이러다 다 녹겠어!

로켓 엔진은 연료를 태우면서 작동하지. 그러니 당연히 엄청난 열이 날 수밖에 없어.

그래서 열을 식히는 냉각 장치가 필요한 거야. 그래야 로켓을 보호할 수 있으니까.

아하!

그랬구나.

나도 춤출 때 열을 식혀야 해.

하지만 로켓 엔진을 만드는 것은 쉬운 일이 아니란다.

로켓 엔진은 생각보다 굉장히 복잡한 장치거든.

이쪽으로 들어가서, 이쪽으로 나오니까··· 아, 헷갈려···

난 심플한 로켓이야.

난 아주 복잡한 로켓이라고.

고체연료 로켓

액체연료 로켓

특히 액체연료 로켓 엔진은 고체연료 로켓 엔진에 비해 훨씬 더 복잡하지!

엔진을 개발하는 동료가 말하길, 고체연료 로켓이 자전거라면, 액체연료 로켓은 자동차 정도로 복잡하다더군.

우와…

그렇구나.

여기에 터보펌프를 달고… 여기에 분사기를 달고…

그 동료는 하루종일 컴퓨터 앞에 앉아 로켓 엔진을 설계해.

부품이 너무 많아…

또 어떤 날엔 하루종일 로켓 엔진을 조립하지.

기대했던 성능이 아니야…

그리고 로켓 엔진이 완성되면 열심히 시험해보지.

여기를 고쳐봐야겠어.

그러다 문제점을 발견하면 다시 엔진 설계를 수정해.

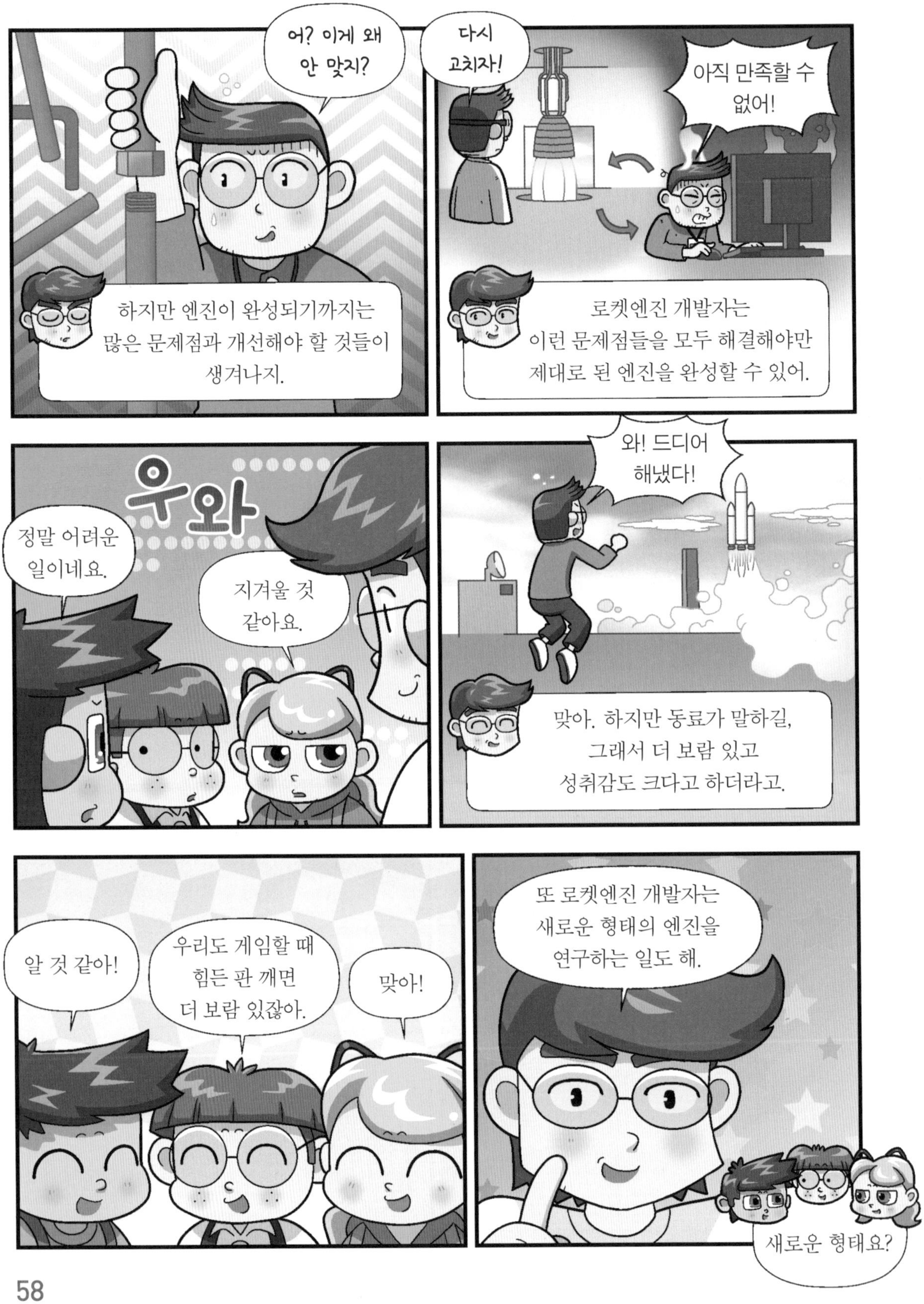
어? 이게 왜 안 맞지?
하지만 엔진이 완성되기까지는 많은 문제점과 개선해야 할 것들이 생겨나지.
다시 고치자!
아직 만족할 수 없어!
로켓엔진 개발자는 이런 문제점들을 모두 해결해야만 제대로 된 엔진을 완성할 수 있어.
우와
정말 어려운 일이네요.
지겨울 것 같아요.
와! 드디어 해냈다!
맞아. 하지만 동료가 말하길, 그래서 더 보람 있고 성취감도 크다고 하더라고.
알 것 같아!
우리도 게임할 때 힘든 판 깨면 더 보람 있잖아.
맞아!
또 로켓엔진 개발자는 새로운 형태의 엔진을 연구하는 일도 해.
새로운 형태요?

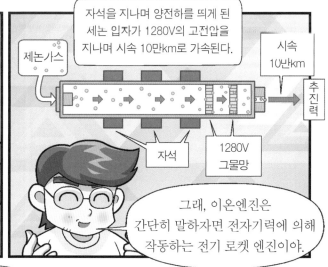

이온엔진에 대하여

이온엔진은 +극이나 -극 전기를 띤 이온 입자를 전기장 안에서 가속시켜 그 반동으로 추진력을 얻는 엔진이에요. 최초의 이온엔진은 미국항공우주국에서 우주로 발사한 우주탐험선 디프스페이스 1호에 쓰였어요. 여기서 이온엔진은 태양빛을 모아서 제논 원자를 이온화하여 전기적 특성을 띠게 한 후 전자기력을 이용하여 가속하고, 우주탐험선을 전진시켰어요.

내가 우주선 엔진이다!

정말 움직인다!

뿡 뿡 뿡

우주 공간에는 아무런 무게도, 저항도 없기 때문에 아주 작은 힘으로도 큰 우주선을 움직일 수 있어.

거봐! 나도 충분히 할 수 있다고!

와! 정말이네!

그래서 우주 공간에서는 이온엔진만으로도 충분히 우주선을 움직일 수 있는 거야.

이온엔진 로켓

추진제가 바닥났어···

일반엔진 로켓

난 앞으로 몇 년을 더 비행할 수 있을 것 같아!

특히 이온엔진은 일반 엔진보다 효율이 굉장히 높아서 적은 추진제로 엄청난 거리를 비행할 수 있지.

몇 년씩이나요?

우와!

굉장하다!

그럼! 나사에서 만든 넥스트(NEXT)라는 시험용 이온엔진은 고작 870kg의 추진제로 무려 5년 반 동안이나 멈추지 않고 작동했지!

5년 반?!

와!

60억km?!! 우와!!!

그뿐만이 아냐. 이온엔진을 사용한 일본의 우주탐사선 하야부사는 자그마치 60억km를 왕복한 기록이 있다고!

난 들렸어…

난 우주로 간다!

이온엔진 로켓

일반엔진 로켓

하지만 지구의 중력 안에서는 이온엔진의 힘이 너무 약해 아무것도 할 수 없지.

난 여기까지!

여기서부턴 나에게 맡겨!

그래서 지구를 떠날 때는 힘이 좋은 기존의 엔진을 사용하고, 우주로 나가면 이온엔진을 사용하기도 하지.

또 사용하는 연료에 따라 다양한 엔진들이 있어. 예를 들면 수소엔진도 있고, 케로신엔진, 메테인(메탄)엔진도 있어.

로켓엔진도 정말 다양하구나.

정말

특히 메테인엔진은 화성 탐사 때문에 인기가 높아졌어.

화성 탐사요? 우와!

이산화탄소

메탄

화성

화성의 대기엔 이산화탄소가 가득해. 또 땅속 어딘가에 물이 있을지도 모르고. 바로 그 물과 이산화탄소로 메탄을 만들 수 있거든!

그럼 화성에서 지구로 돌아올 때 사용할 로켓 연료를 만들 수 있잖아?

정말 좋은 방법이야!

와! 그런 방법이 있었네!

벌써 시간이 이렇게 됐네… 어쩐지 배가 고프더라.

얘들이 배고프대! 어떡하지?

우리가 언제…

똑똑

엥?

아, 미안! 급한 마감이 있어서 엄청 바쁘네!

끼익—

너 라면 잘 끓이니까 실력 발휘 좀 해봐!

탁!

그, 그게…

라면이라면 바로 나지!

하하하

너 운이 좀 없는 거 같다. 아빠 요리가 끝내주는데…

난 괜찮아! 발사체 아저씨가 끓여준 라면이라면 엄청 맛있을 거야!

완전 팬이 된 모양이네.

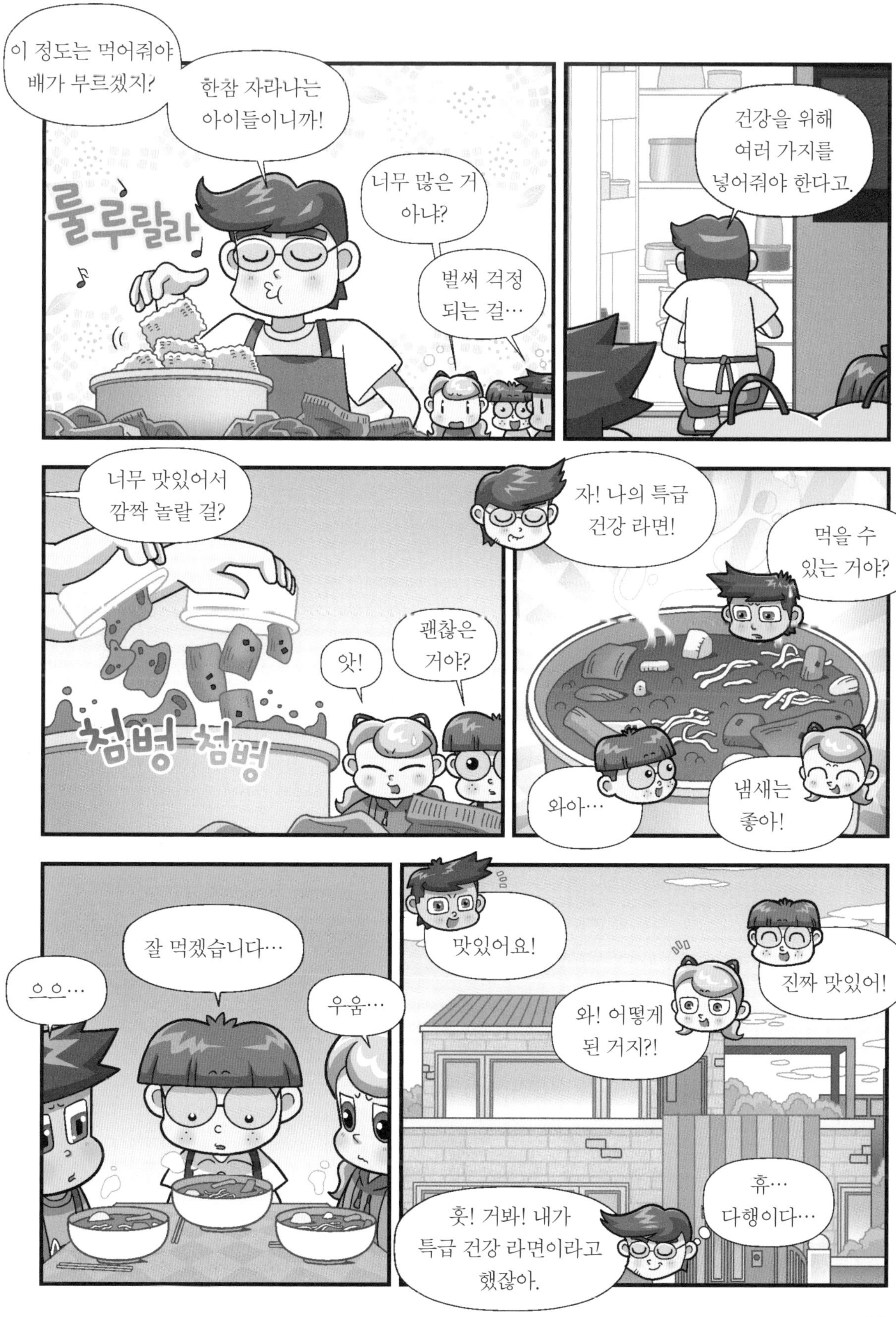
이 정도는 먹어줘야 배가 부르겠지?
한참 자라나는 아이들이니까!
룰루랄라
너무 많은 거 아냐?
벌써 걱정 되는 걸…
건강을 위해 여러 가지를 넣어줘야 한다고.
너무 맛있어서 깜짝 놀랄 걸?
첨벙 첨벙
앗!
괜찮은 거야?
자! 나의 특급 건강 라면!
먹을 수 있는 거야?
와아…
냄새는 좋아!
으으…
잘 먹겠습니다…
우움…
맛있어요!
와! 어떻게 된 거지?!
진짜 맛있어!
훗! 거봐! 내가 특급 건강 라면이라고 했잖아.
휴… 다행이다…

우리나라 로켓의 역사와 미래

우리는 보통 로켓이라고 하면 4차 산업 혁명의 발전된 기술과 더불어 근대적인 이미지를 떠올리기 마련이지만 로켓의 역사는 생각보다 아주 오래되었답니다. 우리나라는 언제 로켓 개발을 시작했는지, 우리나라 로켓의 미래는 어떠한지 알아볼까요?

우리나라의 로켓 역사는 14세기, 고려 말까지 거슬러 올라가요. 1377년에 최무선의 건의로 설치한 화약무기연구소인 화통도감에서 화약을 이용한 무기들을 제조한 기록이 남아있는데 이 중 주화(달리는 불)라는 화학 무기가 현대의 로켓과 같은 원리로 만들어져서 한국 최초의 로켓이라 불려요. 이후 조선 문종 시대에 화차가 만들어졌는데 전국의 주요 해안이나 성문에 배치되어 사용되었다고 해요.

우리나라의 최초의 현대식 로켓은 국방과학기술연구소에서 1958년 시험 발사를 거쳐 1959년 발사에 성공하면서 이루어졌어요. 556호로 이름 붙여진 3단 로켓은 최대고도 4.2km까지 상승하여 81km를 비행했어요.

이후 1960년에 인하대학교에서 최초 로켓 IITO-1A를 완성했어요. 1969년부터 공군사관학교의 박귀용, 조옥찬 교수 등이 모여 로켓 연구를 본격적으로 이어나갔어요. 1970년부터는 과학기술처의 지원을 받아 AXR-55 로켓을 개발하여 성공적인 발사 시험을 했어요.

1972년에는 공군사관학교에서 AXR-3 로켓을 총 3호기까지 발사하고 국방과학연구소에서도 로켓 연구가 시작돼요. 국방과학연구소는 나아가 1978년에 미국의 나이키 허큘리스를 모델로 한 중형 지대지 전술탄도미사일인 '백곰'을 개발하였고 발사 시험을 성공하면서 우리나라의 로켓 기술이 크게 발전했어요.

과학관측 로켓은 1993년 발사를 성공한 항공우주연구소의 1단형 고체추진 과학로켓(KSR-I)이 있어요. 과학 1호의 연구개발은 1987년 천문우주과학연구소에 우주공학연구실이 만들어지면서 시작됐어요. 이후 과학관측 로켓 개발에 필요한 연구를 이어나갔고 1989년 항공우주연구소가 창설되면서 본격적으로 개발이 진행됐어요.

1993년 항공우주연구소에서 1단 고체로켓인 KSR-I을 2차 발사까지 성공한 후 1997년에 2단형 고체 과학로켓 KSR-II을 발사하고 2002년에 한국 최초의 가압식 액체추진 과학로켓 KSR-III 발사에 성공해요. 우리나라 첫 우주발사체인 나로호는 2002년부터 개발이 시작되었어요. 1단은 러시아가 개발하고 우리나라는 2단을 개발하는 국제협력으로 진행됐어요. 나로호 발사를 위한 우주센터도 2008년에 완공되어 2009년 첫 발사를 했지만 1차 발사 페어링 미분리로 인해 실패했어요. 2010년 2차 발사도 실패했지만 2013년 마침내 3차 발사에서 성공하며 탑재위성인 나로과학위성과 교신까지 이뤘어요.

자체적으로 인공위성을 발사할 수 있는 발사체를 보유한 나라가 전 세계를 통틀어 단 10개국에 불과한데 이중 우리나라의 발사체와 발사시설의 개발 속도 및 성과는 타의 추종을 불허한답니다. 하지만 우리나라는 여기서 만족하지 않고 끊임없이 로켓 발전에 힘쓰고 있어요. 나로호를 개발하면서 액체 엔진 기술 확보를 위해 30톤 급 액체 엔진 선행 연구를 수행했고, 2018년에는 국내 기술로 제작한 75톤 급 액체 엔진의 성능 확인을 위한 시험발사체 발사에 성공했어요. 앞으로도 2013년 나로호 발사 이후 우리 땅에서 순수 국내 기술로 제작된 발사체가 날아오를 거에요. 또 민간 위성개발 시대를 열 차세대 중형위성과 지상 관측이 가능한 아리랑 6호도 발사될 계획이에요.

무엇을 실었을까?

혹시 내가 먹을 라면도 남아 있어?

일을 끝냈더니 배가 고프네…

그럼! 당연히 남겨뒀지!

하하하

그런데 좋아할지 모르겠네…

엥?

우왁!
이게 뭐야!

툿툿

할 수 없군…
이거라도
먹어야지…

…

응? 뭐지?
맛있잖아…

그것 봐!
맛있다고!

그렇죠?

우리도
놀랐어요!

휴우~ 이제
살 것 같네…

하던 일은
잘 끝냈어?

얼마 전 인터뷰했던
위성 개발자 덕분에 잘 끝났어.

위성 개발자?

아참! 위성 개발자라면 네가 하는 일과도 관련이 있겠구나!

그럼! 내가 개발한 발사체에 싣는 것이 위성이잖아.

우주개발 이야기였어!

앗!

아빠! 위성 개발자 만났던 이야기 해주세요!

저희도 궁금해요!

저도요!

그럼, 그래 볼까?

내가 쓰는 글에 우주를 조사하는 탐사선을 만드는 사람이 등장해. 하지만 난 그런 일을 하는 사람들에 대해 아는 것이 별로 없었지.

Open

그래서 출판사에 부탁해 위성 개발자를 인터뷰하게 되었어.

아, 오셨군요!

와아, 기대했던 것보다 훨씬 젊은 분이 오셨네요!

하하하! 그런가요?

인공위성을 개발하는 위성 개발자

전 영화에 나오는 박사님이 오실 줄 알았어요.

요즘은 젊은 나이에 우주개발 회사를 창업하는 경우도 많답니다.

전 우주 탐사선을 만드는 사람이 나오는 글을 쓰고 있어요. 그래서 도움을 청했습니다.

네, 제가 도움이 되었으면 좋겠네요.

그럼 탐사선이나 위성이 뭔지부터 간단히 설명해 볼까요?

Cafe...

Open

네, 부탁합니다.

인공위성

우린 모두
우주선 형제들!

우주
탐사선

사실 인공위성이나 탐사선 등은 기본적으로
서로 다르지 않은 우주선의 일종이에요.

영화에 나오는 우주선과
다른 점이 있다면, 사람이 타지 않는
무인 우주선이라는 거죠.

인위적으로
지구 주변을 돌면
인공위성!

지구 밖에서
활동하면
탐사선!

그리고 어디에서 무슨 일을
하는지에 따라 부르는 이름이 다르죠.

인공위성이라고 부르는 것은
달 같은 위성처럼 지구라는
행성 주위를 돌기 때문이겠죠?

난 지구를 도는
자연위성!

난 지구를 도는
인공으로 만든
위성!

맞아요! 그래서 인공위성이죠.
하지만 우주를 비행하는 탐사선들도
위성처럼 활동하기도 해요.

먼 행성에 도착한 탐사선들이
위성처럼 행성 주위를 돌면서
정보를 모으기도 하거든요.

난 화성을
돌아볼까 해.

그럼 난 목성을
돌아볼게.

아차! 그럼 인공위성이나 탐사선 개발자란 결국 무인 우주선을 만드는 사람들이군요.

맞아요! 필요한 용도에 따라 다양한 무인 우주선을 연구하고 만든답니다.

내 덕분에 어디서나 방송을 보는 거라고!

내 덕분에 태풍이 지나는 길을 아는 거라고!

내 덕분에 과학자들이 연구할 수 있는 거라고!

통신위성

기상위성

과학위성

여러 가지 용도가 있지만, 우선 통신을 위한 통신위성도 있고, 기상 예보를 위한 기상위성, 또 연구를 위한 과학위성도 있죠.

믿음직하군.

충성! 근무 중 이상 무!

군사위성

또 국방을 담당하는 군사위성도 빼놓을 수 없어요.

난 사람이 타고 있는 인공위성!

우주는 방해하는 빛이 없어서 먼 곳도 잘 보이지!

그리고 인공위성에 탑재된, 우주정거장과 먼 우주를 관찰하는 우주망원경도 있어요.

와아! 정말 다양한 위성을 만드시네요!

하하… 전 주로 과학위성을 연구하고 있어요.

그럼 인공위성은 어떤 과정으로 만들어지나요?

아, 네.

이번 위성은 지형 사진을 찍어서 보내는 임무를 해야 해.

우선 개발할 인공위성의 사용 목적에 맞게 설계를 시작합니다.

이번 위성엔 고성능 카메라를 실어야 해요.

그럼 이 탑재체가 좋겠어요.

인공위성이 어떤 임무를 맡으려면 임무에 맞는 장비를 실어야 하는데요. 그걸 탑재체라고 해요.

여기 있으면 사진이 잘 찍힐 거야. 너무 무거워지면 로켓에 실을 수 없으니 조심해야겠어.

전 탑재체가 잘 작동하도록 인공위싱의 설계를 소절하고, 또 너무 무거워지지 않도록 관리해야 하죠.

어? 이 부품은 설계보다 크네요.

이쪽도 문제가 있어요.

그리고 설계가 완성되면 조립을 시작합니다. 조립하다 보면 예기치 못한 문제들도 생기는데요…

이번엔 아무 문제 없을 거야···

그럼 다시 회의하고, 연구해서 설계를 수정하는 일을 반복하죠.

그렇게 인공위성이 완성되면 테스트를 시작합니다.

드디어 완성이다!

테스트도 잘 통과해야 할 텐데···

성공할 거예요!

우주는 마치 텅 빈 공간처럼 보이지만, 수많은 전자파와 엄청난 추위와 고열, 그리고 완전한 진공 상태인 거친 환경이죠.

그래서 우주와 같은 환경을 만들어 인공위성이 잘 견디는지 테스트해봐야 해요.

아하···

그러다 문제가 발견되면 다시 설계를 고치고, 조립하고, 테스트를 반복하죠.

일단 로켓에 실어 발사하면 더 이상 고칠 수 없으니 완벽하게 만들어야겠네요.

맞아요. 그래서 철저하게 테스트를 반복하면서 문제를 찾으려고 하죠.

하지만 위성을 개발하는 일만큼 중요한 일이 더 있어요!

바로 인공위성에서 날아온 자료를 분석하는 일이죠.

아하…

측정값을 분석하니, 이곳의 지형은 10년 전보다 이렇게 변했군.

센서로 측정한 것들을 보냈음.

인공위성 자료처리원

인공위성에서 보낸 자료는 센서를 통해 수집한 측정값들이죠. 그 측정값을 컴퓨터로 분석해야 비로소 우리가 원하는 정보가 되는 거예요.

아하! 눈과 귀가 정보를 보내면 뇌에서 분석해야 하는 것과 비슷하네요.

맞아요! 인공위성은 우주에 보낸 우리의 눈과 귀라고 할 수 있겠네요!

그렇게 위성이 보낸 자료를 전문적으로 분석하는 분들을 '인공위성 자료처리원' 이라고 해요.

인공위성 자료처리원도 아주 중요한 일이네요.

그럼요! 인공위성이 한 일을 완성시켜 주는 분들이니까요.

인공위성 분석원

인공위성을 조금 움직여야 할 것 같군.

또 '인공위성 분석원'이 있어요. 이분들은 인공위성의 상태를 늘 관찰하고, 우주의 환경도 고려하면서 인공위성을 움직여야 할지 확인해요.

인공위성을 움직여야 할 때도 있나요?

어? 지구를 봐야 하는데 몸이 돌아갔어! 되돌려줘!

그럼요. 우주에도 태양풍 같은 여러 가지 환경의 영향이 있거든요. 인공위성 자체의 문제일 수도 있고요.

인공위성을 움직여야겠어요. 자세 제어 커맨드(명령)는···

그럼 인공위성 분석원은 인공위성을 어떻게 움직여야 할지 분석하고 명령을 내려요.

누구에게 명령을 내리나요? 인공위성에게 내리나요?

여기에 또 중요한 일을 하는 분들이 등장하죠.

바로 '인공위성 관제원'이에요!

알겠습니다. 실행하겠습니다.

인공위성 관제원

이분들은 인공위성 분석원의 명령에 따라 실제로 인공위성을 움직이죠.

인공위성을 움직인 후 제대로 작동하는지, 문제는 없는지 확인하고, 문제가 있다면 다시 인공위성 분석원과 상의하게 됩니다.

아~ 인공위성을 개발하고 관리하려면 정말 많은 사람의 협력이 필요하겠군요.

맞아요!

우주개발 분야는 정말 다양한 분야의 전문가들이 협력해야 하는 일이라서 서로의 팀워크가 아주 중요해요.

회사에서 제일 중요하게 생각하는 것도 다른 사람과 잘 협력하는 성격인가 였어요.

그렇군요.

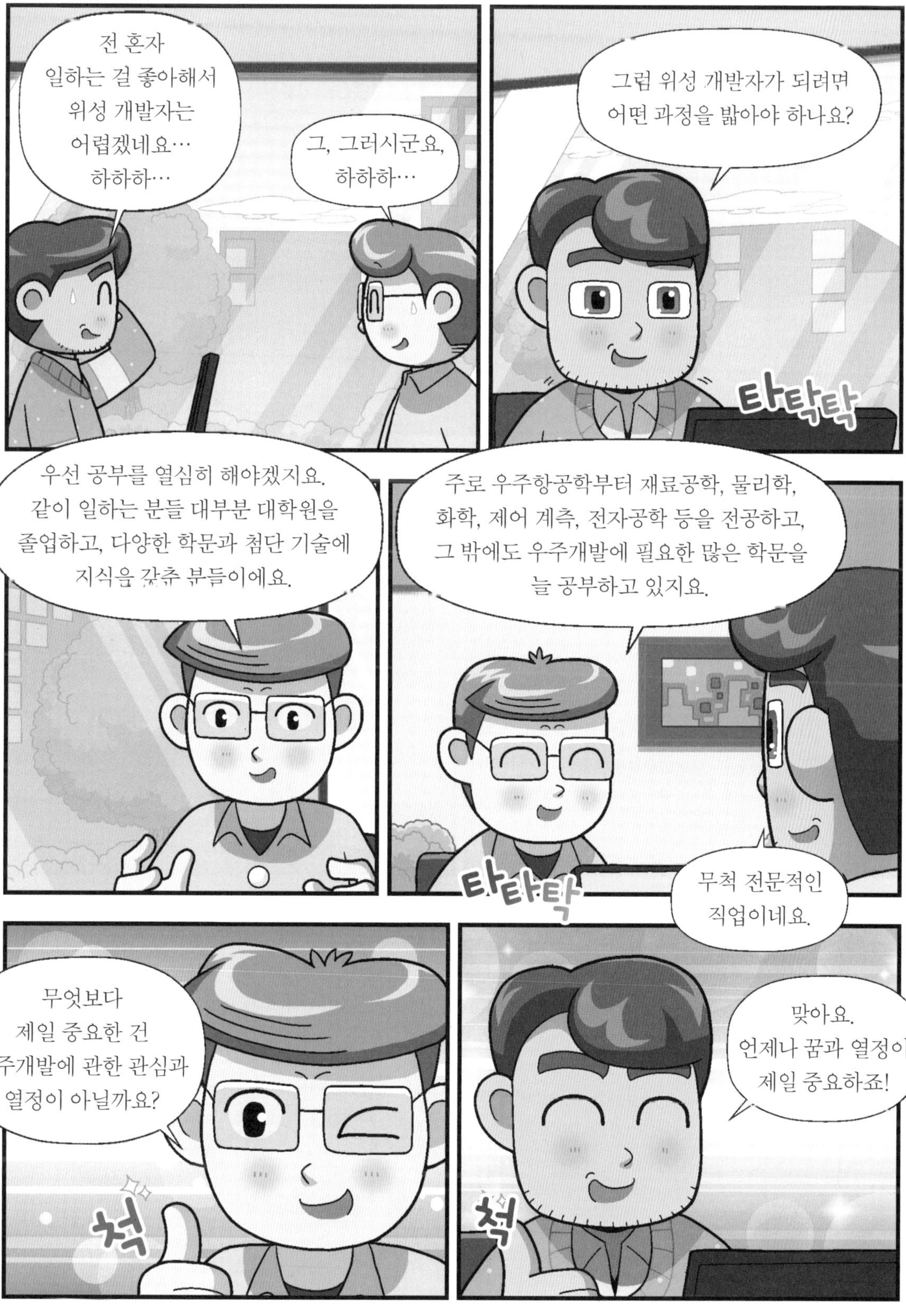
전 혼자 일하는 걸 좋아해서 위성 개발자는 어렵겠네요… 하하하…
그, 그러시군요, 하하하…
그럼 위성 개발자가 되려면 어떤 과정을 밟아야 하나요?
타탁탁
우선 공부를 열심히 해야겠지요. 같이 일하는 분들 대부분 대학원을 졸업하고, 다양한 학문과 첨단 기술에 지식을 갖춘 분들이에요.
주로 우주항공학부터 재료공학, 물리학, 화학, 제어 계측, 전자공학 등을 전공하고, 그 밖에도 우주개발에 필요한 많은 학문을 늘 공부하고 있지요.
타타탁
무척 전문적인 직업이네요.
무엇보다 제일 중요한 건 우주개발에 관한 관심과 열정이 아닐까요?
척
맞아요. 언제나 꿈과 열정이 제일 중요하죠!
척

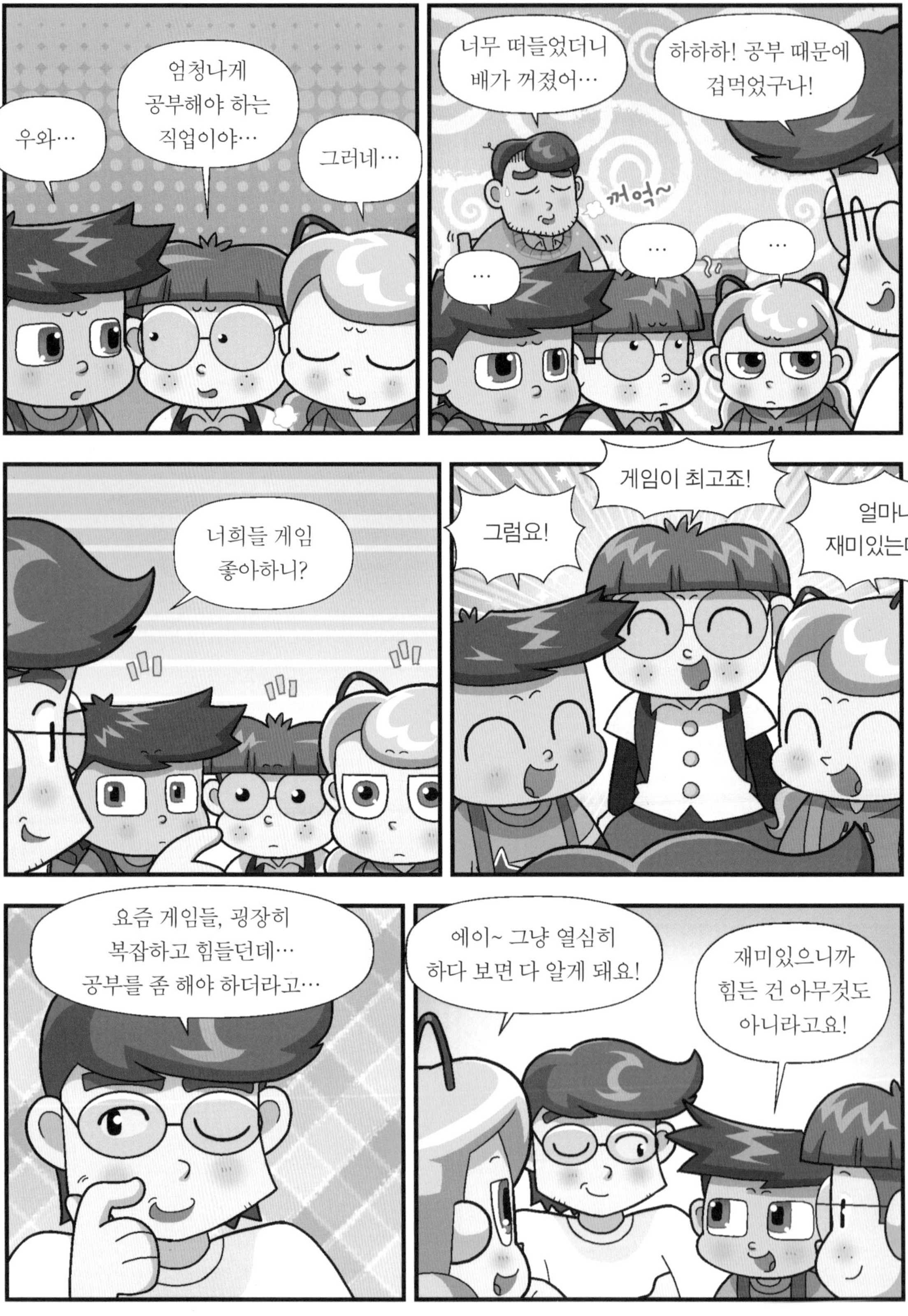
우와…
엄청나게 공부해야 하는 직업이야…
그러네…
너무 떠들었더니 배가 꺼졌어…
하하하! 공부 때문에 겁먹었구나!
꺼억~
…
…
…
너희들 게임 좋아하니?
그럼요!
게임이 최고죠!
얼마나 재미있는데요!
요즘 게임들, 굉장히 복잡하고 힘들던데… 공부를 좀 해야 하더라고…
에이~ 그냥 열심히 하다 보면 다 알게 돼요!
재미있으니까 힘든 건 아무것도 아니라고요!

딱!

그래! 너희들이 공부에 대한 비결을 알고 있네!

네에?

우리가 비결을 알고 있다고요?

설마요…

너희들은 모두 우주개발을 재미있어하잖아?

또 강 박사가 되는 것이 목표기도 하고~

강 박사가 되어 멋진 우주선을 만들기 위해 좀 더 공부해야 한다면…

게다가 그 일이 재미있는 일이라면…

맞아! 나도 공부를 잘해서 발사체 개발자가 된 건 아니야. 발사체 개발자가 되려고 공부를 한 거지.

그래! 너희들이 공부가 지겨웠던 건 무엇 때문에 공부하는지 몰랐기 때문이야.

하지만 이젠 알잖아?

우리가 알고 있어?

무엇 때문에 공부하는지?

강 박사가 되기 위해서지.

아빠한테 설득당한 거 같아. 왠지 공부해야겠다는 생각이 들어.

나도 그래.

우주로 가는 발사체를 만들기 위해 공부한다면 재밌게 공부할 수 있을 것 같아!

맞아! 공부해서 뭐하나 했더니, 공부하면 강 박사가 되는 거였어!

휴우~ 아이돌이 꿈이라서 다행이야.

무슨 소리야!

아이돌도 공부해야 해!

강 박사만큼은 아니잖아?

다녀왔습니다!

친구는 잘 배웅했니?

네, 잘 돌아갔어요!

미사일 협정 개정

전부 꿈을 위해 열심히 공부하기로 맹세했어요!

털썩_

그래? 맹세까지 했어?

알고 보니 강 박사가 되는 길이 어렵지 않더라고요. 강 박사가 되려면 일단 공부를 열심히 해야 하는 거였어요.

역시 벼리는 날 닮아 똑똑해.

미래의 내 후배가 될 아이라고.

어딘가 공부 잘하는 치트키가 있을 거야!

우리 군이 새로운 미사일을 개발한 모양이야.

나도 저 일을 할까 했었는데…

?

발사체 개발자가 미사일도 만들어요?

그럼! 기본적으로 미사일이나 우주발사체의 원리는 같은 거니까.

미사일과 우주발사체의 차이점은 무엇을 실었느냐야.

난 폭탄을 실었어.

난 인공위성을 실었어.

폭탄

인공위성

미사일

우주 발사체

물론 발사체의 용도와 목적지도 다르지.

끙?

난 화성을 탐사하기 위해 우주로 날아가지!

난 지구를 지키기 위해 우주 괴물에게로 날아가지!

게다가 한미 미사일 지침이 개정되어 더 먼 거리를 날아가는 미사일도 만들 수 있게 되었지.

쿠케케!

꾸엑!

개정후

펑!

너무 멀리 있어!

난 여기까지 올 수 있지!

한미 미사일 시침이 개정되어 고체연료 로켓을 자유롭게 개발할 수 있게 되었다는 거 기억나지?

네, 기억나요.

고체연료 vs 액체연료

로켓을 발사시키기 위해 로켓 연료에는 고체연료와 액체연료 그리고 이 둘을 혼합한 연료를 사용하고 있어요.

고체연료는 목재, 석탄, 목탄 등 고체 상의 연료로, 점화될 때 많은 양의 열을 발생하기에 빠르게 혼합되는 고체 상태의 혼합가스로 이루어진 로켓연료예요.

액체연료는 석유나 알코올 등 액체상 태로 이용하는 연료로, 고체연료에 비해 운반하기 쉽고 연소의 조절이 용이하며 열효율이 높아.

미사일은 적이 나타나면 바로 발사할 수 있어야 하잖아? 그래서 연료 주입이 필요 없는 고체연료 로켓의 형태로 만드는 거야.

케케케

빨리 연료를 넣어줘!

난 바로 출동할 수 있다고!

액체연료 미사일

고체연료 미사일

아하! 그러니까 우주로 날아갈 만큼 멀리 날아가는 미사일도 만들 수 있다는 거네요?

대단한데?

그래. 한미 미사일 지침 개정으로 앞으로 민간 우주개발 회사의 일자리가 늘어날 것처럼

미사일을 개발하는 국방 분야의 일자리도 늘어날 수 있겠지.

로켓을 개발한다는 것이 이렇게 중요한 일인지는 몰랐어.

우주개발이란 신대륙을 개척하는 거나 다름없잖아?

게다가 미사일 개발이란 우리나라를 지키는 중요한 일이고 말이야.

맞아! 아주 보람 있는 일이라고!

와아…

난 그냥 강 박사처럼 멋진 우주선을 만들고 싶었던 건데…

알고 보니 엄청 중요한 일이었어요.

어쩌면 세상에서 제일 중요한 일일지도 몰라요!

이제부터 난 세상에서 제일 중요한 일을 하는 사람이 될 거예요!

하하하…

그럼! 중요하고말고!

84

아! 엄마다!

고생 많았어요.

피곤하시죠?

다녀오셨어요!

늦어서 미안해요.

대신 치킨 진뜩 사 왔어요.

치킨은 언제나 환영이죠!

와! 치킨이다!

마침 출출했는데…

그럼, 그럼!

응? 무슨 이야기들이에요?

다시 생각해보니, 세상에서 제일 중요한 일은 치킨 만드는 일 같아요.

로켓 없이는 살 수 있어도, 치킨 없이는 못 살 거야!

로켓의 종류

로켓은 추진제에 따라 혹은 용도에 따라 종류를 나눌 수 있어요. 로켓의 종류에 대해 알아볼까요?

● 추진제에 따른 분류

(1) 화학로켓

고체추진제 또는 액체추진제의 화학반응(연소)을 에너지 발생원으로 하는 것이에요. 지구에서부터 로켓을 발사하던가, 짧은 시일 내에 행성 간을 비행하기 위해 큰 추력이 필요할 때 사용해요. 큰 추력을 만드는 장점이 있지만 긴 시간 동안 연속으로 운전할 수가 없다는 단점도 있어요.

① 고체로켓 : 산화제와 연료를 섞어 로켓 추진기관의 내부에 고체 형태로 두는데, 점화할 때 이 추진제가 타오르면서 발생하는 가스를 분출하면서 나아가요. 일단 로켓 점화를 시작하면 속도 조절이 불가능해서 군사용으로 주로 쓰여요. 고체추진제를 사용하는 고체로켓은 구조가 간단하고 부품수가 적으며 추진제를 충전한 채로 장기보존이 가능하다는 장점이 있어요. 하지만 연소중단이나 추진력 방향의 제어가 어렵다는 단점이 있어요.

② 액체로켓 : 산화제와 연료를 주입해서 그 안에서 연소하게 하여 생겨난 연소가스를 분출하면서 추진돼요. 고체연료보다 추진력이 강하고, 점화 후에도 연료 주입량을 조절하여 원하는 궤도에 정확히 진입시킬 수 있어 우주발사체로 이용돼요. 액체추진제를 사용하는 액체로켓은 매우 큰 비추력을 낼 수 있으므로 성능을 높일 수 있고, 연소중단, 재점화, 추진력 방향 제어 등이 쉽다는 장점이 있어요. 하지만 오랜 시간 연료를 주입해야 하고 엔진이 복잡하다는 단점이 있어요.

③ 하이브리드로켓 : 고체연료와 액체산화제, 또는 고체산화제와 액체연료를

조합하는 것으로 액체추진제와 고체추진제를 합친 것으로 볼 수 있어요. 안정성이 뛰어나지만 미흡한 부분이 있어 완전 실용화 단계에는 이르지 못하고 있어요. 하지만 아직도 관련 연구가 활발히 진행중이에요.

(2) 비화학로켓

연소에 의한 에너지를 추진동력원으로 하는 로켓 이외의 것을 비화학로켓이라고 해요. 전기에너지를 이용하며 저궤도에서 정지궤도로의 변환, 행성 간의 비행, 우주선의 장기적 자세제어 등에 이용되는 전기로켓, 원자로에서의 발열을 이용하는 것으로 그 열을 작동물질에 보내 분출시키는 구조의 원자력로켓, 레이저에너지를 이용하는 것으로 고속 비행이 기대되는 레이저로켓 등이 있어요.

● 로켓의 용도에 따른 분류

(1) 과학관측용 로켓

관측 장치와 송신기를 탑재하여 발사되는 로켓이에요. 지상에서 고층 대기로 관측기를 발사하고 비행하는 동안 측정 데이터를 지상에 보내는 것이 관측 로켓이 하는 일이에요. 발사가 간단하게 이루어져야 하기 때문에 소형 로켓 비행체가 이용돼요.

(2) 인공위성 발사용 로켓

우주에 우주비행사와 물자, 인공위성 등을 쏘아 올리는 우주 수송 수단 로켓으로 우주 로켓이라고도 불려요. 2단식, 3단식, 4단식 등이 있으며 주로 3단식이 많이 쓰여요. 고체연료와 액체연료 모두 사용하지만 액체연료가 더 자주 쓰여요. 현재 우주 로켓은 한 번 쏘아 올리고 나면 버려야 하는 일회용이에요. 그래서 최근 스페이스X에서는 재사용 우주 로켓을 만들고 있어요.

강 박사 연구소를 방문하다!

룰루랄라

기분이 좋아 보이는 걸 보니, 마음에 드는 집을 구했나 보군.

마음에 딱 드는 집을 구했어!

하루 종일 돌아다녔더니 출출하네.

다행이야.

라면이 다 떨어졌어.

이참에 장이나 좀 봐오지 그래?

우와!

꿩장해!

강 박사 같은 사람이 정말 있구나!

완전 멋진 아저씨야!

진짜 로켓 만드는 아저씨라니까?

벼리 집에서 지내고 있어.

우리도 그 아저씨 만날 수 있을까?

어떤 사람이 로켓 만드는지 궁금해!

나도!

바쁜 아저씨라 쉽게 만날 수 없을 걸?

정말 멋진 아저씨일 것 같아…

내가 아저씨에게 잘 말해볼게.

우왁!

퉁!

어? 아저씨?

벼리야.

아저씨, 장보고 오셨어요?

그, 그래. 학교 끝나고 오는 모양이구나.

저 아저씨가…

로켓 만드는…

강 박사 동료?

맞아.

전혀 박사 같지 않아…

엥?

실망이야…

아! 너희들이 벼리하고 같은 반친구들이구나! 반갑다!

…

안녕하세요…

하하하…

안녕하세요…

저희들은 이만 가볼게요…

내일 보자…

잘 가…

만나자마자 가버리네.

내가 무섭나?

긁적 긁적

아저씨 이야기를 했더니, 제멋대로 강 박사를 상상했나 봐요.

애들이란…

후줄근…

아… 그랬구나…

그렇다면!

방과 후 교무실

벼리 담임 선생님이시죠?

네, 제가 벼리 담임 선생님인데 무슨 일이시죠?

전 벼리와 잠시 같이 살고 있는 장 박사라고 합니다.

박사님이라면… 의사 선생님이신가요?

아뇨, 로켓을 만드는 공학박사입니다.

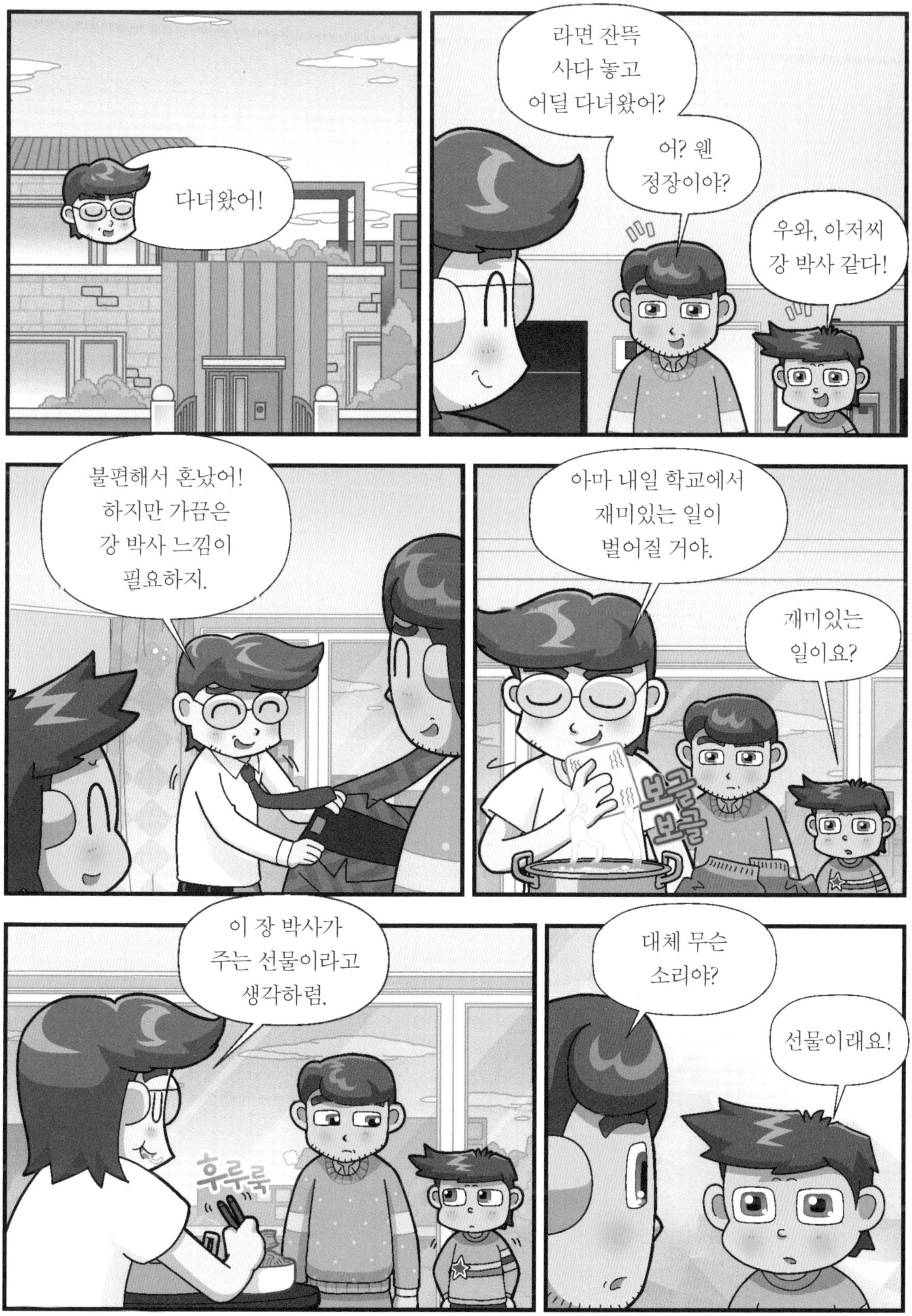
다녀왔어!
라면 잔뜩 사다 놓고 어딜 다녀왔어?
어? 웬 정장이야?
우와, 아저씨 강 박사 같다!
불편해서 혼났어! 하지만 가끔은 강 박사 느낌이 필요하지.
아마 내일 학교에서 재미있는 일이 벌어질 거야.
재미있는 일이요?
보글보글
이 장 박사가 주는 선물이라고 생각하렴.
후루룩
대체 무슨 소리야?
선물이래요!

다음 날

자! 오늘은 특별한 현장학습을 할 거예요.

현장학습?

웅성 웅성

우리 어디 가나 봐!

무슨 현장학습이지?

맞아요! 오늘은 특별한 분의 소개로 특별한 연구소를 견학할 거예요.

연구소?

무슨 연구소지?

바로 강 박사 연구소에 찾아갈 거예요!

강박사 연구소 견학

강 박사 연구소?

설마 우주 용사 하이퍼의 강 박사?

벼리가 되고 싶어 하는 그 강 박사?

웅성

웅성

혹시 이게 선물?

와아!

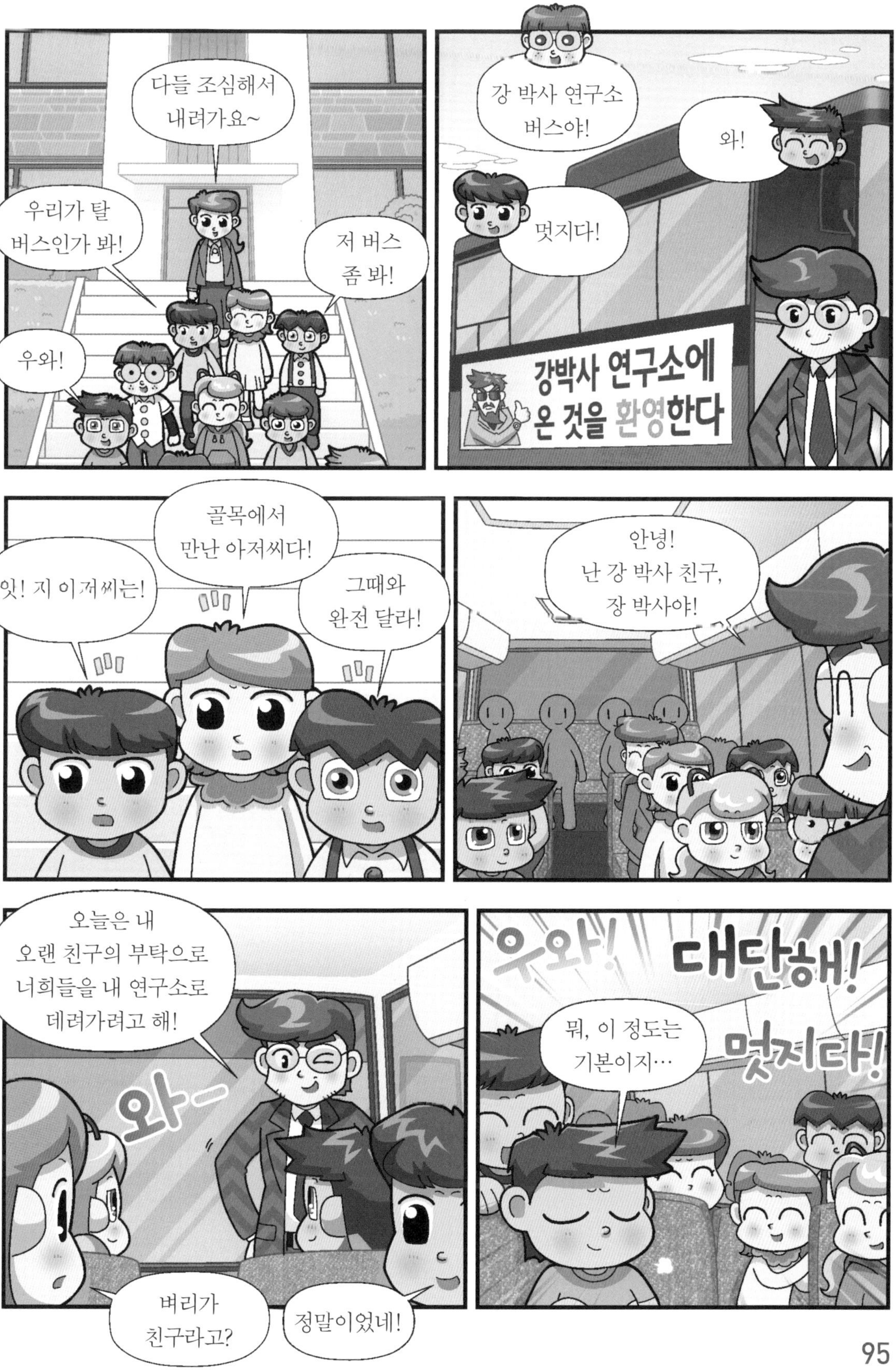

다들 조심해서 내려가요~
우리가 탈 버스인가 봐!
저 버스 좀 봐!
우와!
강 박사 연구소 버스야!
와!
멋지다!
강박사 연구소에 온 것을 환영한다
골목에서 만난 아저씨다!
앗! 저 아저씨는!
그때와 완전 달라!
안녕! 난 강 박사 친구, 장 박사야!
오늘은 내 오랜 친구의 부탁으로 너희들을 내 연구소로 데려가려고 해!
와~
벼리가 친구라고?
정말이었네!
우와!
대단해!
멋지다!
뭐, 이 정도는 기본이지…

아저씨, 어떻게 된 거죠? 정말 굉장해요!

후훗

털썩

어제 담임 선생님을 만나 우리 회사 견학을 추천드렸어.

아하!

담임 선생님이 좋은 현장학습이 될 거라며 기뻐하시더구나.

아주 좋아요!

정말 최고의 선물이에요, 아저씨!

아니, 장 박사님!

자! 이제 출발하니 모두 안전벨트 매도록 해요!

네, 선생님!

철컥

철컥

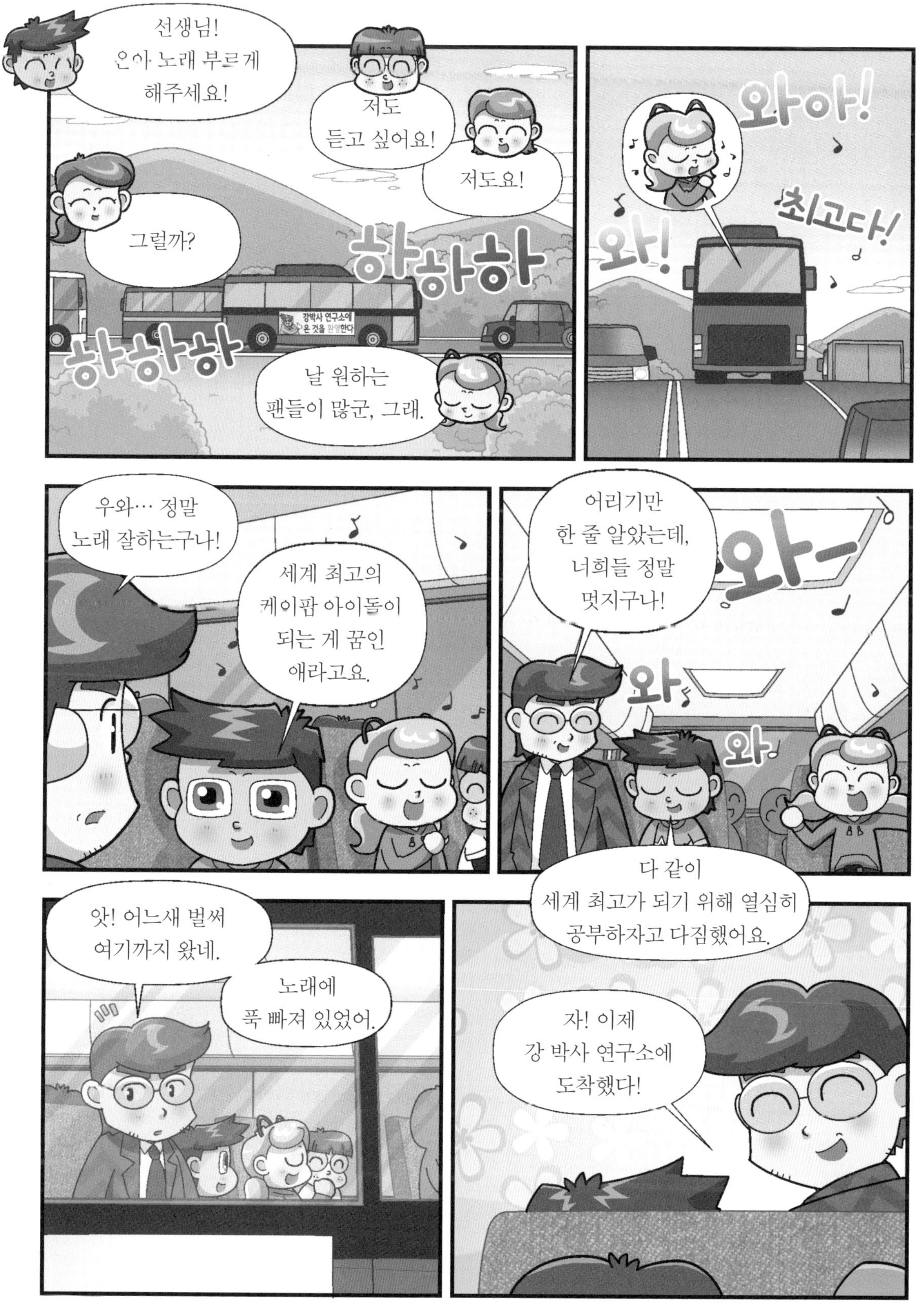

선생님! 은아 노래 부르게 해주세요!
저도 듣고 싶어요!
저도요!
그럴까?
하하하
하하하
강박사 연구소에 온 것을 환영한다
날 원하는 팬들이 많군, 그래.
와아!
최고다!
와!
우와… 정말 노래 잘하는구나!
세계 최고의 케이팝 아이돌이 되는 게 꿈인 애라고요.
어리기만 한 줄 알았는데, 너희들 정말 멋지구나!
와~
와
와
다 같이 세계 최고가 되기 위해 열심히 공부하자고 다짐했어요.
앗! 어느새 벌써 여기까지 왔네.
노래에 푹 빠져 있었어.
자! 이제 강 박사 연구소에 도착했다!

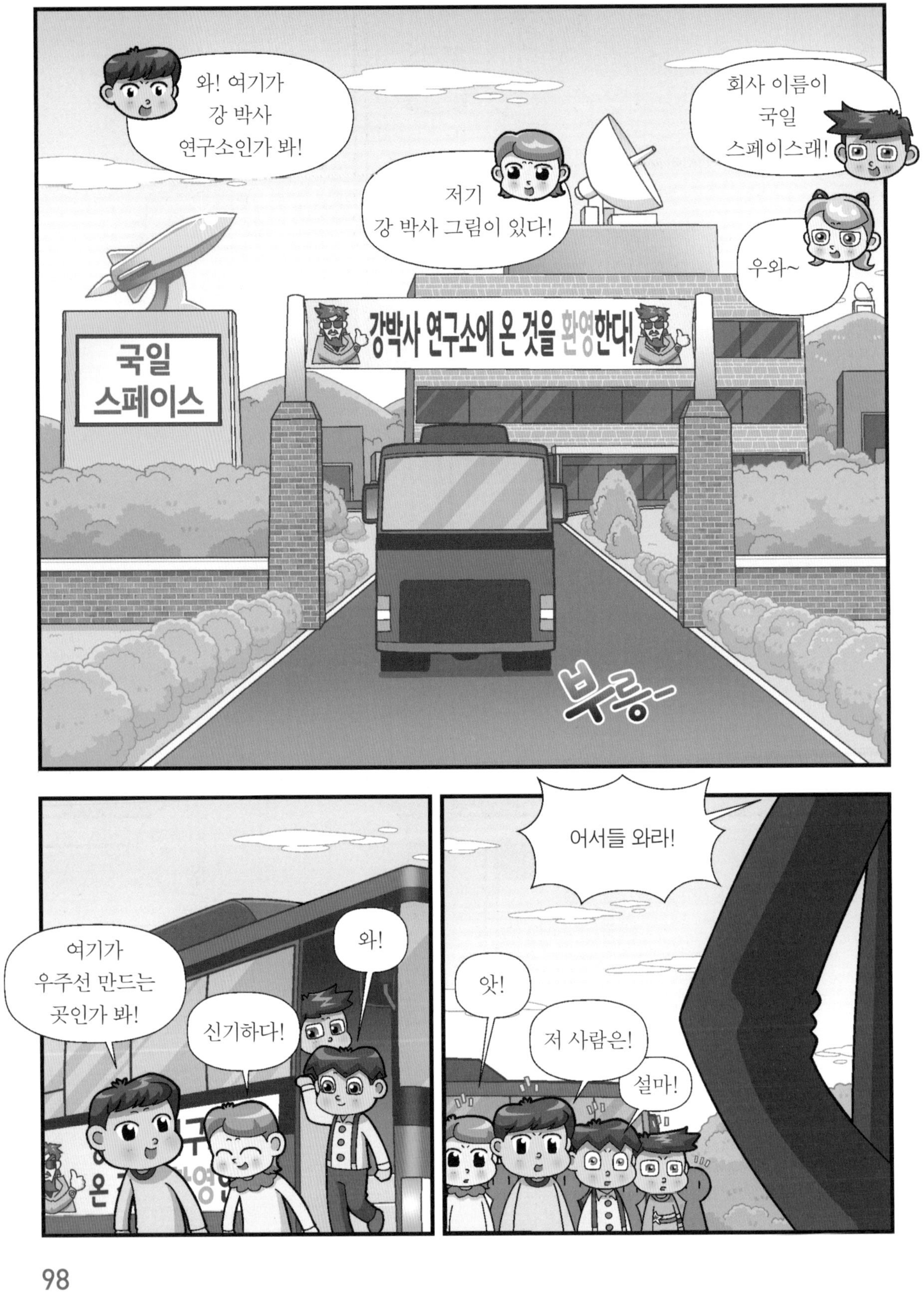
와! 여기가 강 박사 연구소인가 봐!
저기 강 박사 그림이 있다!
회사 이름이 국일 스페이스래!
우와~
국일 스페이스
강박사 연구소에 온 것을 환영한다!
부릉~
여기가 우주선 만드는 곳인가 봐!
신기하다!
와!
어서들 와라!
앗!
저 사람은!
설마!

난 강 박사라고 한다!

짝 짝 짝 짝

와아…

대단하다…

우릴 어린애로 아나 봐…

가면 너무 이상하다…

내가 너무 진짜 같았나 봐. 후훗…

여긴 다양한 인공위성과 로켓을 연구하고 만드는 곳이야.

강 박사의 동료들이 잔뜩 모여있지!

자! 출발해볼까?

저기… 누구세요?

저예요! 장 박사님!

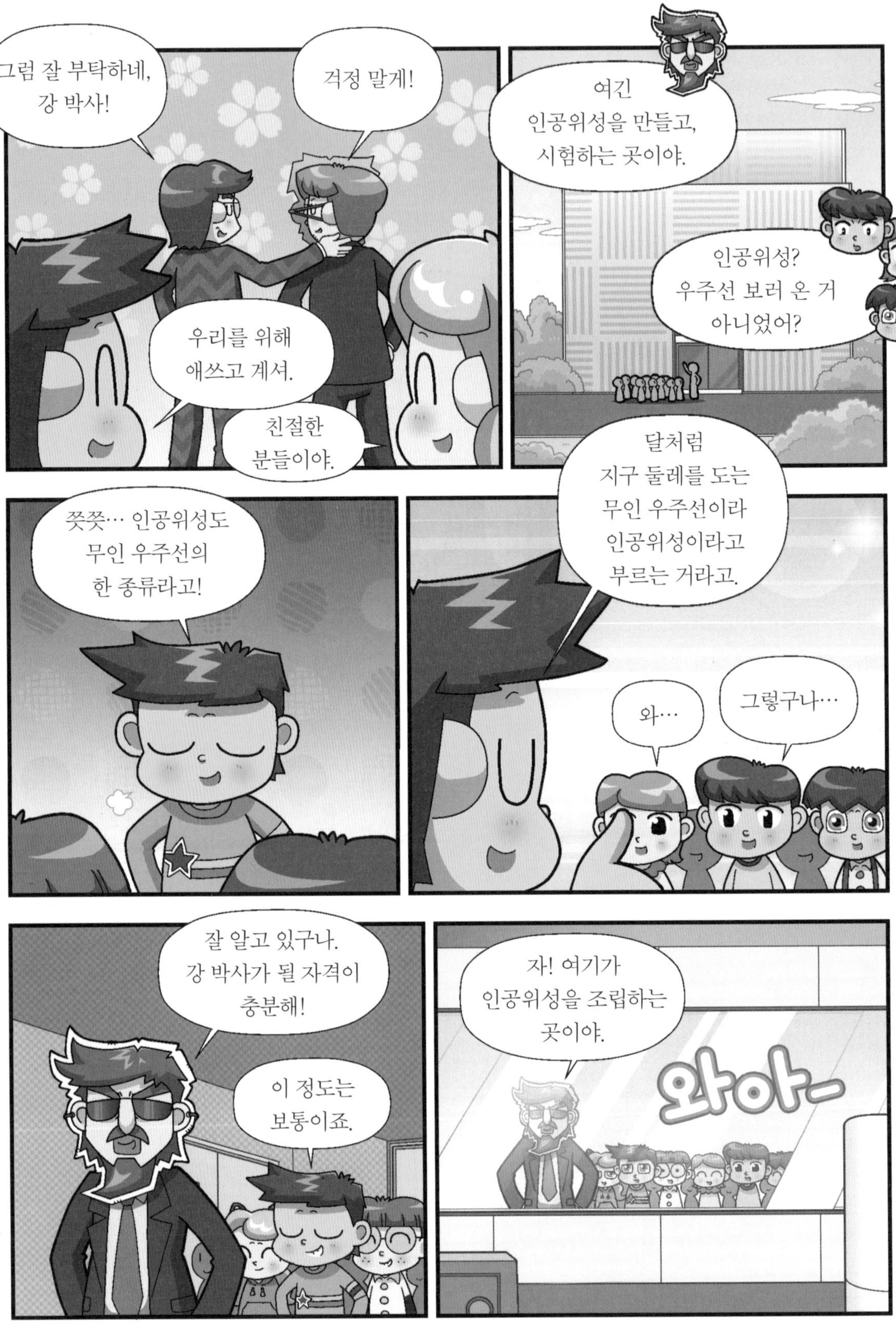

그럼 잘 부탁하네, 강 박사!
걱정 말게!
우리를 위해 애쓰고 계셔.
친절한 분들이야.
여긴 인공위성을 만들고, 시험하는 곳이야.
인공위성? 우주선 보러 온 거 아니었어?
쯧쯧… 인공위성도 무인 우주선의 한 종류라고!
달처럼 지구 둘레를 도는 무인 우주선이라 인공위성이라고 부르는 거라고.
와…
그렇구나…
잘 알고 있구나. 강 박사가 될 자격이 충분해!
이 정도는 보통이죠.
자! 여기가 인공위성을 조립하는 곳이야.
와아-

지금 만들고 있는 인공위성에는 전자광학 탑재체가 실려있어.

전자…

광학…

탑재체?…

난 변신의 천재!

다 우리 덕분이지!

탑재체

인공위성

인공위성에 싣는 장치를 탑재체라고 하는 거야. 어떤 탑재체를 싣느냐에 따라 인공위성의 능력이 달라진다고.

우와, 너 정말 많이 아는구나!

와! 진짜 강박사 같아!

아빠가 인공위성 개발자 만난 이야기를 해주셨어요.

정말!

그럼, 인공위성 탑재체도 전부 여기에서 만드는 건가요?

물론이지!

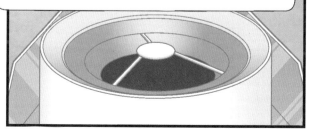

그래, 맞아! 탑재체를 정확히 설명해 줬어! 여기에 실린 전자광학 탑재체는 쉽게 말하면 지구를 찍는 정밀한 카메라야. 이 카메라를 이용해 재난에도 대비하고, 효율적으로 땅을 사용할 계획도 세울 수 있지.

우주시험동이란?

우주시험동이란 인공위성이나 로켓처럼 매우 정밀한 기기들이 제대로 조립되었는지, 또 여러 환경에서 정상적으로 작동하는지를 시험해보는 곳이에요.

조립 및 정밀 정렬 시험실: 모든 장비들이 제대로 조립되고 설치되었는지 확인하는 곳입니다.

발사환경 시험실: 로켓이 발사될 때엔 큰 진동과 충격, 그리고 소리가 발생하는데, 그런 상황을 잘 견뎌내는지 시험하는 곳입니다.

궤도환경 시험실: 인공위성과 로켓은 엄청난 고열과 저온, 그리고 진공 상태인 우주공간에서 작동하는 기기입니다. 이 시험실은 우주와 같은 환경을 만들어 기기가 잘 작동하는지 시험하는 곳입니다.

그 외에도 전자파 환경 시험실, 전기장치 검증 시험실 등에서 다양한 시험을 하고 인공위성과 로켓을 발사하게 됩니다.

불가마?

챔버?

아~ 저건 불가마가 아니라, 인공위성을 시험하는 챔버야.

인공위성은 우주공간에서 작동하잖아? 그러니 우주공간에서 잘 작동하는지 시험해봐야겠지?

저건!

그렇다면!

와아!

시험을 위해 순간이동했다!

저 안에 인공위성을 넣으면 우주공간으로 순간이동하는 건가요?!

뿅뿅

하하하, 그게 아니라 저 챔버 안을 우주공간처럼 만드는 거란다. 우주로 나가지 않아도 시험할 수 있도록 말이야.

이 안은 우주처럼 완전히 진공 상태야.

우와!

여기에 우주가 있었어!

굉장해!

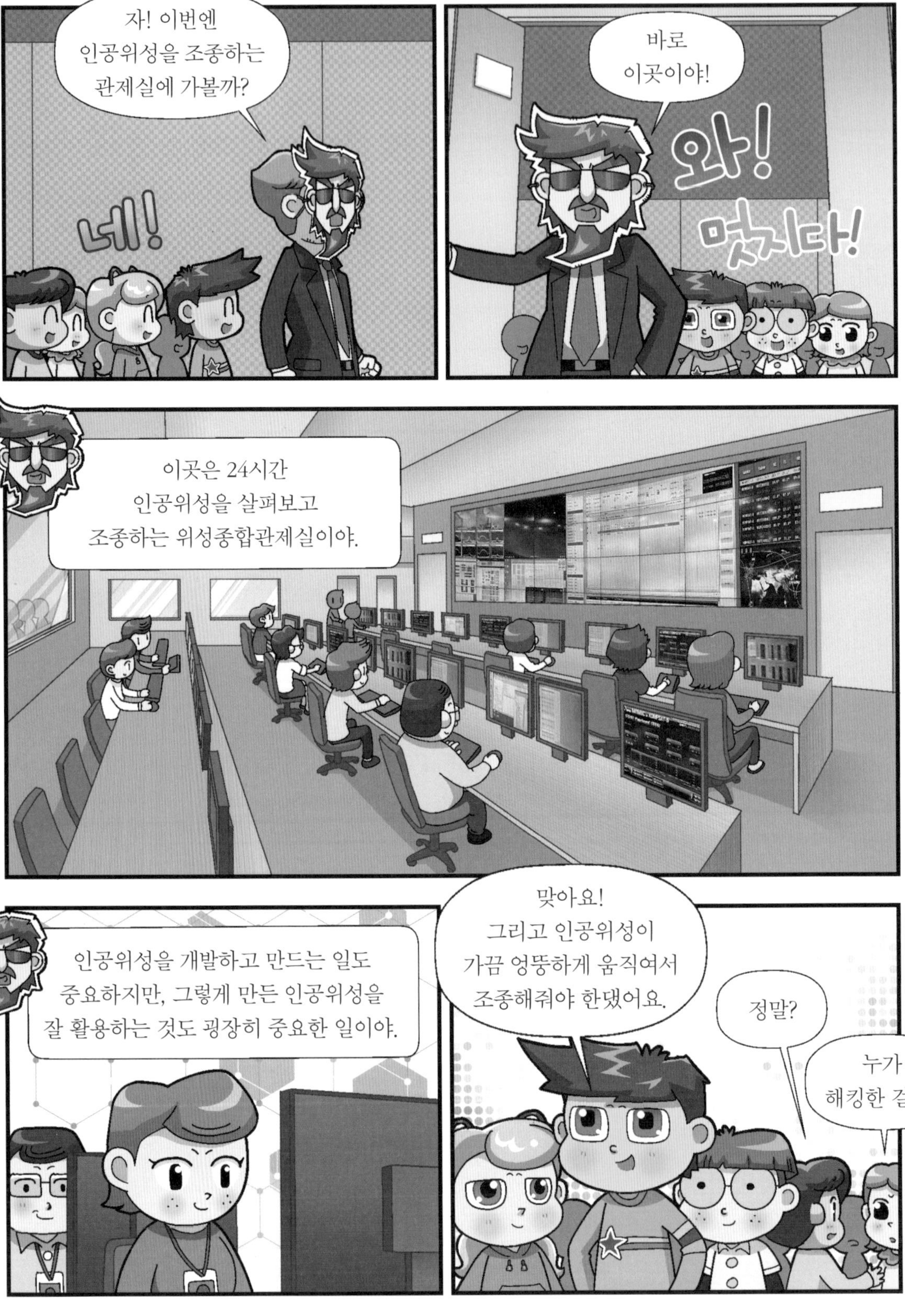
자! 이번엔
인공위성을 조종하는
관제실에 가볼까?
네!
바로
이곳이야!
와!
멋지다!
이곳은 24시간
인공위성을 살펴보고
조종하는 위성종합관제실이야.
인공위성을 개발하고 만드는 일도
중요하지만, 그렇게 만든 인공위성을
잘 활용하는 것도 굉장히 중요한 일이야.
맞아요!
그리고 인공위성이
가끔 엉뚱하게 움직여서
조종해줘야 한댔어요.
정말?
누가
해킹한 걸까?

오! 그런 것도 알고 있구나! 내 동료가 될 자격이 충분하군!

맞아! 우주에는 많은 전자파가 있어서 인공위성이 엉뚱하게 움직일 때도 있어. 그리고 더 심한 경우엔…

교신이 끊어지고, 완전히 사라져 버릴 때도 있지.

우와!

외계인이 가져갔을 거야!

그래서 이곳의 연구원들은 24시간 내내 인공위성을 관리하고, 보내온 정보를 분석하지.

아! 바로 이분이 관제실을 이끄는 문 박사님이야!

문 박사님이래!

강 박사 친구인가봐!

인공위성 관제팀장

벌써 점심시간이 되었군.

자! 그럼 이제 강 박사 연구소 식당으로 가볼까?

와아!

맛있다!

강 박사가 먹는 음식인가 봐!

나도 여기서 일하면 좋겠어.

오전 견학은 잘 했니?

네!

회사가 멋져요!

정말 최고였어요!

생각했던 것보다 훨씬 다양한 일을 하고 있어서 놀랐어요.

그렇지? 우주개발은 정말 많은 분야의 전문가가 필요한 일이거든.

맞아! 너희들도 봤겠지만, 인공위성을 만들 때도 구조경량화 전문가, 정밀제어 분석가, 탑재체 전문가 등 많은 전문가가 필요해.

또 탑재체에만 해도, 카메라, 레이더, 검출기… 그 외에도 여러 곳에 수많은 전문가가 필요하다고.

구조경량화?

정밀제어는 또 뭐지?

걱정 말렴! 오후 견학 시간에 여기 강 박사가 잘 설명해 줄 거야!

그나저나 강 박사도 좀 먹어야 할 텐데?

아… 하하하…

킥킥

킥킥

그, 그럼… 나 강 박사는 잠시 볼 일이 있어서 이만!

고생이 많군, 강 박사.

저 강 박사님은 무슨 일을 하시는 분인가요?

냠 냠 냠 냠 냠

저 아저씨가 구조경량화 전문가시구나.

강 박사는 구조경량화를 담당하고 있지!

아, 좀 전에 이야기한…

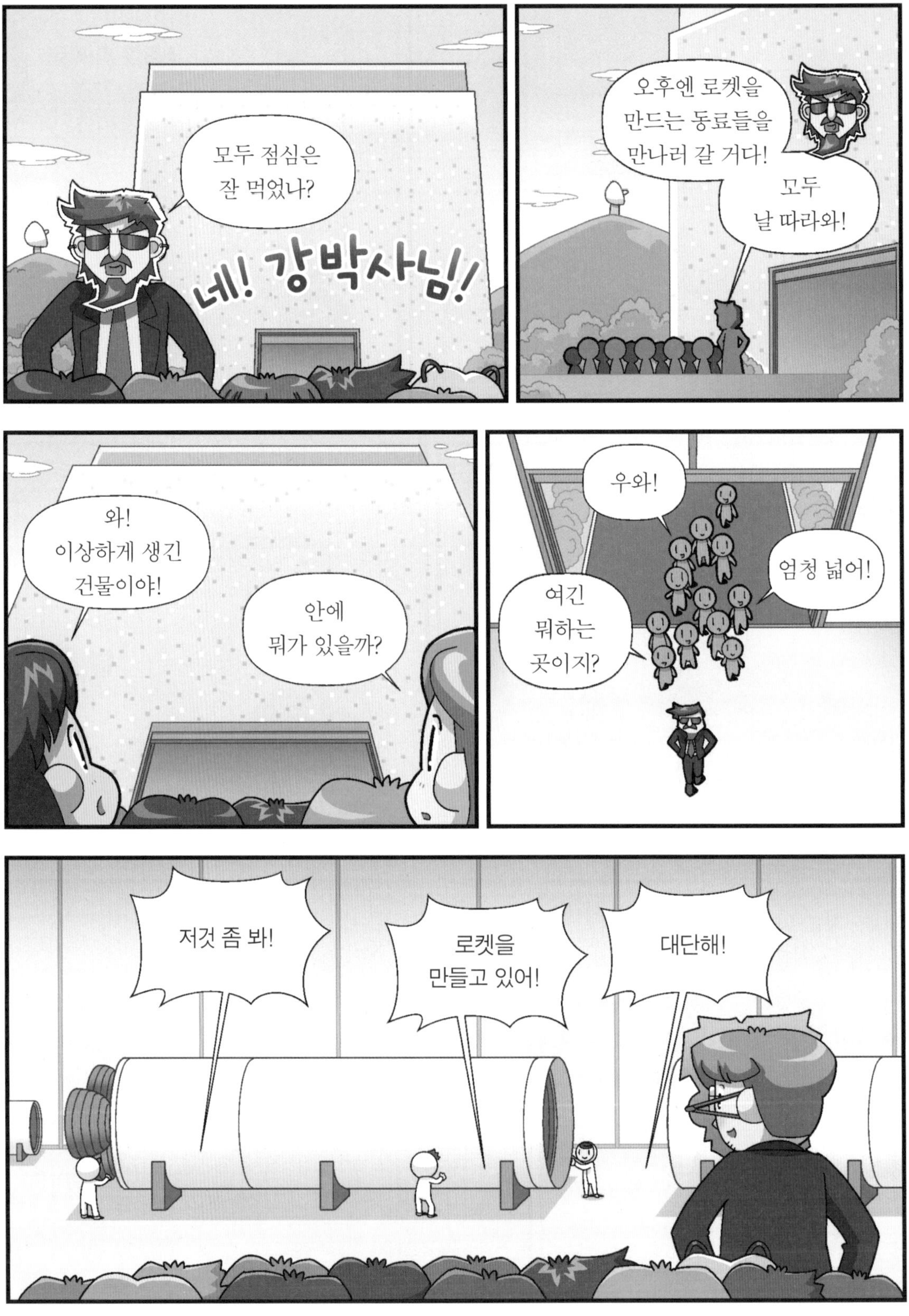
모두 점심은 잘 먹었나?
네! 강박사님!!
오후엔 로켓을 만드는 동료들을 만나러 갈 거다!
모두 날 따라와!
와! 이상하게 생긴 건물이야!
안에 뭐가 있을까?
우와!
엄청 넓어!
여긴 뭐하는 곳이지?
저것 좀 봐!
로켓을 만들고 있어!
대단해!

아~ 광 박사! 미래의 동료들을 연구실로 데리고 왔군!

광 박사?

광 박사가 아니라, 강 박사라고!…

과, 광 박사 아니었어?

어쨌든 환영한다! 재미있게 보고 가렴!

고맙습니다!

가끔 어색한 동료들도 있으니 이해하렴.

흠흠

하하하

그럼 첫 번째 동료를 소개하지!

응? 아무도 없는데?

화장실 가셨나?

어떻게 된 거야?

안녕! 만나서 반가워!

난 구조경량화 전문가야!

강 박사님 어디 가셨지?

처음 보는 아저씨야!

후다닥

하하

여기 뒤에 누워 있는 것이 추진제 탱크야. 로켓의 연료가 담기는 큰 통이라고 할 수 있지!

너희들도 알겠지만, 불이 붙으려면 산소가 필요하잖아? 마찬가지로 산소가 없는 우주에서 연료를 태우려면 로켓에도 산소를 싣고 가야 해.

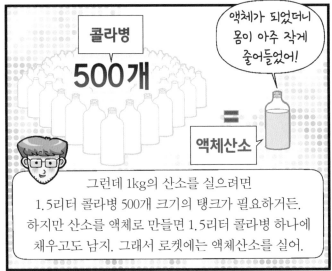

콜라병

500개

액체가 되었더니 몸이 아주 작게 줄어들었어!

액체산소

그런데 1kg의 산소를 실으려면 1.5리터 콜라병 500개 크기의 탱크가 필요하거든. 하지만 산소를 액체로 만들면 1.5리터 콜라병 하나에 채우고도 남지. 그래서 로켓에는 액체산소를 실어.

그런데도 로켓은 워낙 많은 추진제를 사용해서 전체 로켓 무게의 약 80%가 추진제 탱크지!

몸이 너무 무거워서 힘들어···

몸이 가벼워서 힘이 넘쳐!

너희들 무거운 친구와 가벼운 친구가 달리기 하면 누가 이길까?

당연히 가벼운 애가 잘 달리죠!

무거우면 힘들어서 못 달려요!

로켓도 마찬가지야.
로켓도 가벼운 것이 더 성능이 좋지.
그래서 가장 큰 부피를 차지하는
추진제 탱크를 가볍게 만드는 게
아주 중요해.

아~ 그럼
구조경량화 전문가라는 건
가볍게 만드는 전문가라는
뜻인가요?

완전 정답!
가벼우면서도 튼튼하게 만드는 게
바로 내가 해야 할 일이야!

딱!

넌 아주 뛰어난
동료가 될 것
같구나!

그냥 해본 말이
아니었나 봐.

우와…

강 박사가
되겠다더니…

헤헤…

자!
내가 돌아왔다!

그럼 이제
또 다른 동료를
만나러 가볼까?

후
다
닥

언제
돌아오셨지?

하하하,
강 박사는 변신도
하나 봐!

킥 킥

이번에 만날 동료는 자세 잡기의 달인이야.

자세 잡기의 달인?

무슨 자세를 잡는 거지?

아! 저기 있군!

흠…

바로 이 연구원이 내가 말한 자세 잡기의 달인이야.

응?

강 박사라고 불러야 해!

하하하… 안녕. 난 가, 강 박사의 동료야…

킥킥

킥킥

이 연구원은 인공위성이나 로켓이 정확한 자세로 움직이도록 하는 정밀제어 분석가야.

맞아.

인공위성의 자세 제어

인공위성은 주어진 임무를 수행하기 위해, 또는 우주의 환경적인 영향에서 벗어나기 위해 자세와 위치를 바꿀 수 있어야 해요. 사진을 촬영하거나, 수집한 정보를 지구로 보낼 때도 자세를 바꿀 수 있어야 하고요.

그러기 위해 인공위성의 곳곳에 추력기라는 작은 로켓을 설치하여 짧게 분사하며 자세를 제어해요. 그리고 추력기에 사용하는 추진제를 모두 쓰면 인공위성의 수명도 끝나게 돼죠.

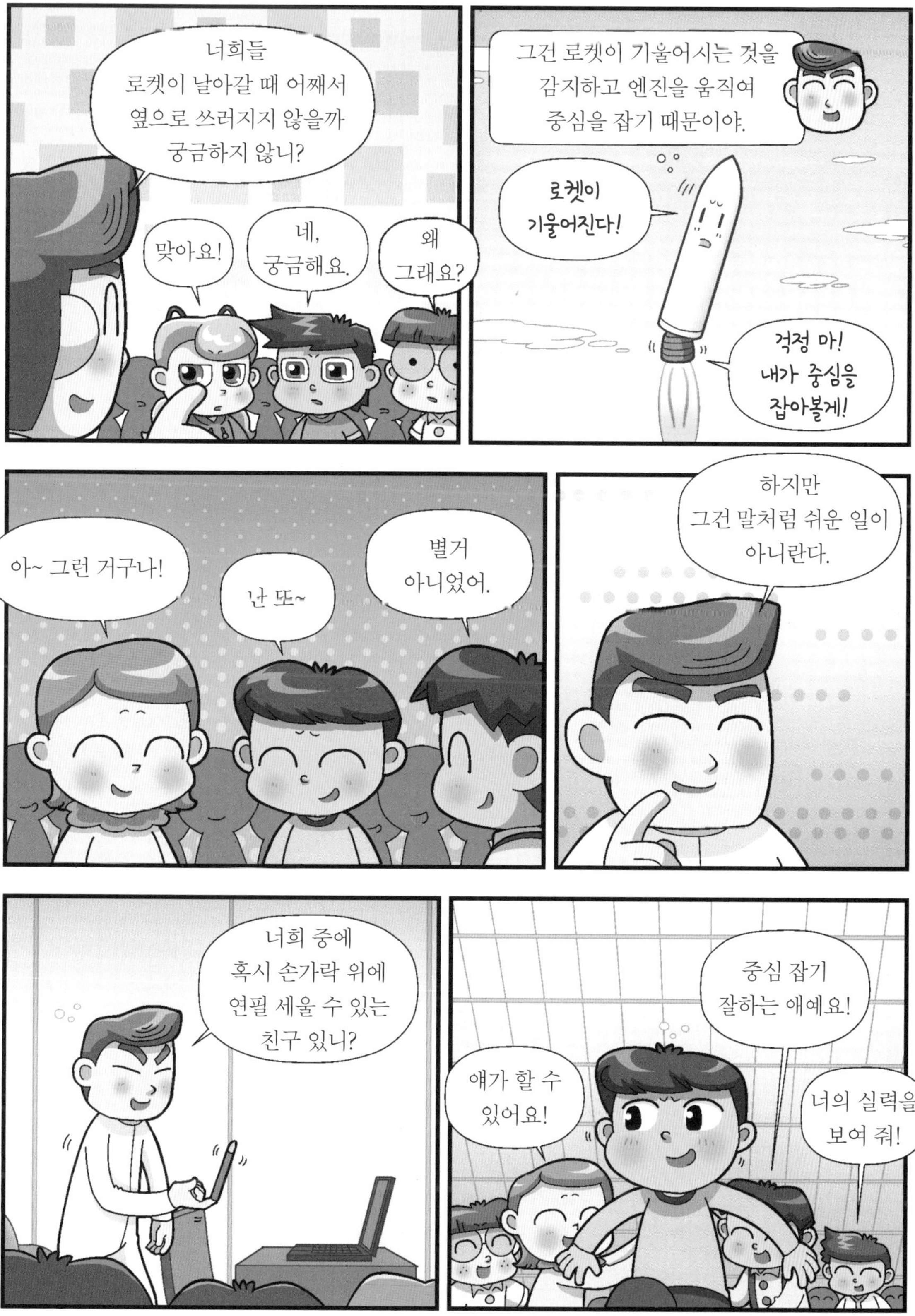
너희들 로켓이 날아갈 때 어째서 옆으로 쓰러지지 않을까 궁금하지 않니?
맞아요!
네, 궁금해요.
왜 그래요?
그건 로켓이 기울어지는 것을 감지하고 엔진을 움직여 중심을 잡기 때문이야.
로켓이 기울어진다!
걱정 마! 내가 중심을 잡아볼게!
아~ 그런 거구나!
난 또~
별거 아니었어.
하지만 그건 말처럼 쉬운 일이 아니란다.
너희 중에 혹시 손가락 위에 연필 세울 수 있는 친구 있니?
중심 잡기 잘하는 애예요!
얘가 할 수 있어요!
너의 실력을 보여 줘!

이 정도는 기본이죠!

와야!

잘한다!

정말 잘했어! 잘하는 비결이 있니?

비결이라넌…

연필이 기울어지는 방향으로 손을 움직여야 해요. 너무 많이 가도 안 되고, 너무 적게 가도 안 돼요.

아주 조금씩 섬세하게 움직여야 해요.

만약 그 비결대로 이 연필이 혼자 서 있다면 어떨까?

네? 연필이 혼자서요?

그런데 연필이 저 로켓만 하다면?

우와!

그럼 굉장한 거죠!

그런 게 있어요?

로켓이 쓰러지지 않고 날아가는 비결이 바로 그런 거란다!

내가 하는 일이 바로 이 연필 세우기처럼 로켓을 섬세하고 정확하게 움직이도록 하는 일이야.

정밀제어라고도 하지.

와아…

소심스럽게 조절해야 해.

물론이지! 잘못하면 큰일 난다고!

정밀제어는 로켓이나 인공위성의 방향을 바꾸는 장치에도 사용되고…

또 이 엔진이 발사대를 엉망으로 만들지 않도록 하는 데에도 꼭 필요하지!

발사대를 엉망으로?

발사대하고 무슨 상관이지?

나도 몰라…

좋아! 내가 여기서 로켓 발사의 재미난 사실 하나를 알려주지!

콰아_

너희들, 로켓이 발사되면 일부러 옆으로 기울어지게 하는 거 알고 있니?

중심을 잡아야 하는 거 아니었어?

일부러 옆으로 기울인대!

왜지?

어때? 이제 안 뜨겁지?

고마워!

이유는 간단해. 로켓에서 뿜어져 나오는 강한 힘과 엄청난 열로부터 발사대를 보호하기 위해서야.

그런데 옆으로 기울이면 로켓이 엉뚱한 곳으로 날아가는 거 아닌가요?

발사대가 안전할 정도의 높이로 올라가면 다시 똑바로 서서 날아간단다!

우와! 일부러 기울였다, 다시 세우기는 너무 어려워요!

우와!

조심해!

떨어지겠어!

그 어려운 걸 로켓이 혼자서 해낸다는 사실!

와아!

대단하다!

정밀제어 짱!

더 재미있는 중심 잡기 이야기해 줄까?

네!

해 주세요!

궁금해요!

그동안의 로켓은 싣고 있던 인공위성을 우주에 보내고 나서 불에 타거나 버려졌지.

난 여기까지야··· 잘 가···

흑흑··· 수고했어···

무사히 착륙!

난 버려지지 않지!

하지만 요즘 로켓들은 우주에서 일을 마치면, 중심을 잡으며 지구로 내려와 사뿐히 착륙한다고!

어때? 정말 중심 잡기 끝판왕 아니니?

우주에서 지구까지 중심 잡으며 내려온대! 최고다!

우와!

그런데 로켓이 무사히 지구에 착륙한다는 건 사실 굉장한 의미가 있는 거란다.

중심 잡기 달인이라서?

뭐지?

기네스북에 올라가나 봐···

사실 로켓을 한 번 발사하려면 엄청난 돈이 든단다. 그래서 아무나 쉽게 로켓을 발사할 수 없지.

맞아! 한 번 쓰고 버리는 건 너무 아까워.

아··· 아까워···

비싼 로켓이 버려지고 있어···

그런데 로켓을 무사히 착륙시켜 다시 발사할 수 있다면 어떻게 될까?

다시 안 만들어도 되잖아!

아하!

발사할 때 드는 돈이 줄어들 것 같아요!

그래, 맞아! 재사용 로켓은 실제로 발사할 때 드는 돈을 거의 10분의 1로 줄일 수 있었어.

우와!

그렇구나!

그래서 더 많은 사람이 로켓을 사용할 수 있게 되었고, 로켓 사업도 더 발전할 수 있게 되었지!

자! 이제 다른 동료를 만나러 갈 시간이야!

벌써?

막 재미있어 지려는데···

벌써요?

나머지 견학도 재미있게 하렴!

안녕히 계세요!

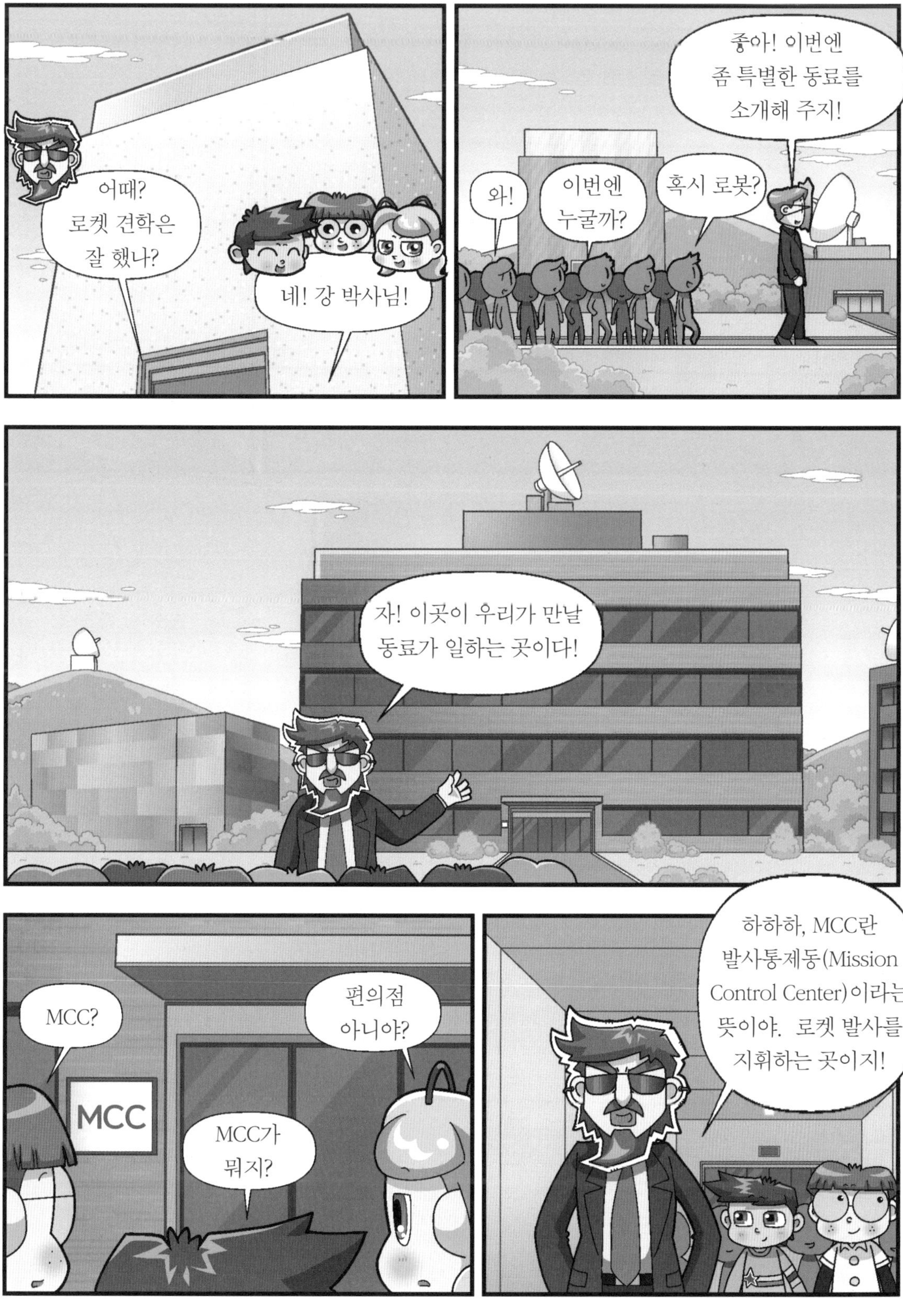
어때?
로켓 견학은
잘 했나?
네! 강 박사님!
좋아! 이번엔
좀 특별한 동료를
소개해 주지!
와!
이번엔
누굴까?
혹시 로봇?
자! 이곳이 우리가 만날
동료가 일하는 곳이다!
MCC?
편의점
아니야?
MCC
MCC가
뭐지?
하하하, MCC란
발사통제동(Mission
Control Center)이라는
뜻이야. 로켓 발사를
지휘하는 곳이지!

여긴 발사통제동에서 발사 임무를 지휘하는 역할을 하는 MDC, 그러니까 발사지휘센터(Mission Director Center)라는 곳이야.

오전에 봤던 위성종합관제실과 비슷해!

그러네?

와아

그래, 위성종합관제실과 비슷하게 생겼지만 하는 일은 다르단다.

위성종합관제실

발사지휘센터

위성종합관제실은 인공위성을 관리하는 곳이고, 여기 발사지휘센터는 로켓의 발사를 지휘하는 곳이야.

너희들, 영화에서 로켓 발사를 위해 카운트다운 하는 장면 본 적 있지?

3, 2, 1

아! 봤어요!

쓰리 투 원 제로!

발사!

쿠우우우~

그래! 바로 그곳이 여기 발사지휘센터란다!

이번에 소개할 동료가 바로 여기서 일하는 통제원들이야.

와아...

통제원은 여기 발사지휘센터의 통제원들을 포함하여 세 종류가 있단다.

MDC

3, 2, 1, 발사!

LCC

FSC

로켓 발사를 결정하는 발사지휘센터(MDC)의 통제원이 있고, 또 로켓의 조립부터 발사준비까지 관리하는 발사체통제센터(LCC)의 통제원, 그리고 발사 직후부터 임무가 끝날 때까지 관리하는 비행안전통제센터(FSC)의 통제원, 이렇게 세 종류의 통제원이 있어.

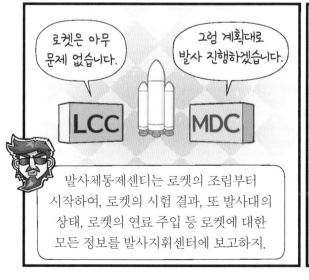

로켓은 아무 문제 없습니다.

그럼 계획대로 발사 진행하겠습니다.

LCC   MDC

발사체통제센티는 로켓의 조립부터 시작하여, 로켓의 시험 결과, 또 발사대의 상태, 로켓의 연료 주입 등 로켓에 대한 모든 정보를 발사지휘센터에 보고하지.

쓰리, 투, 원, 발사!

이제부터 우리가 맡겠습니다.

MDC   FSC

그러면 발사지휘센터는 발사체통제센터의 보고와 날씨, 또 하늘과 바다의 안전 상태 등 여러 가지를 종합하여 발사를 결정하게 되지!

그럼 비행안전통제센터는 무슨 일을 해요?

너희들도 알고 있는 일을 하지!

응?

우리가 알고 있다고?

팟!

저건 강 박사 포즈야!

내가 새 우주선 슈퍼제타를 만들어 켄타로스 행성으로 보냈던 때를 기억하겠지?

기억나!

그때 우주 괴물이 나왔었잖아!

맞아! 괴물 때문에 우주선의 임무를 중지시켰어!

바로 그거야! 비행안전통제센터는 발사된 로켓을 살펴보다가 문제가 발생하면 비행중단지령장비를 사용하여 임무를 중지시키지!

임무 중단

임무 중단

와아!

정말 신기하다!

그런 게 진짜 있었어!

이렇게 발사지휘센터, 발사제동세센터, 비행인진동제센디에서 발사 임무와 관련된 운용 작업을 총괄 지휘하는 사람을 발사지휘통제원이라고 하는 거야.

시끌 시끌

저도요!

저도 통제원이 되고 싶어요!

통제원이 되려면 어떻게 해야 해요?

후후후! 나의 동료 후보들이 계속 늘어나는군!

발사지휘통제원이 되려면 로켓 발사에 관련된 모든 과정을 깊이 이해하고, 각종 정보를 분석하고 판단할 수 있는 능력이 있어야 해.

아~

그렇구나.

강 박사 동료들은 모두 대단해…

나도 해보고 싶어!

너도 내 동료가 되는 거야?

사람들이 모두 바빠 보여요. 그런데 여긴 로켓 발사할 때 바쁜 곳 아닌가요?

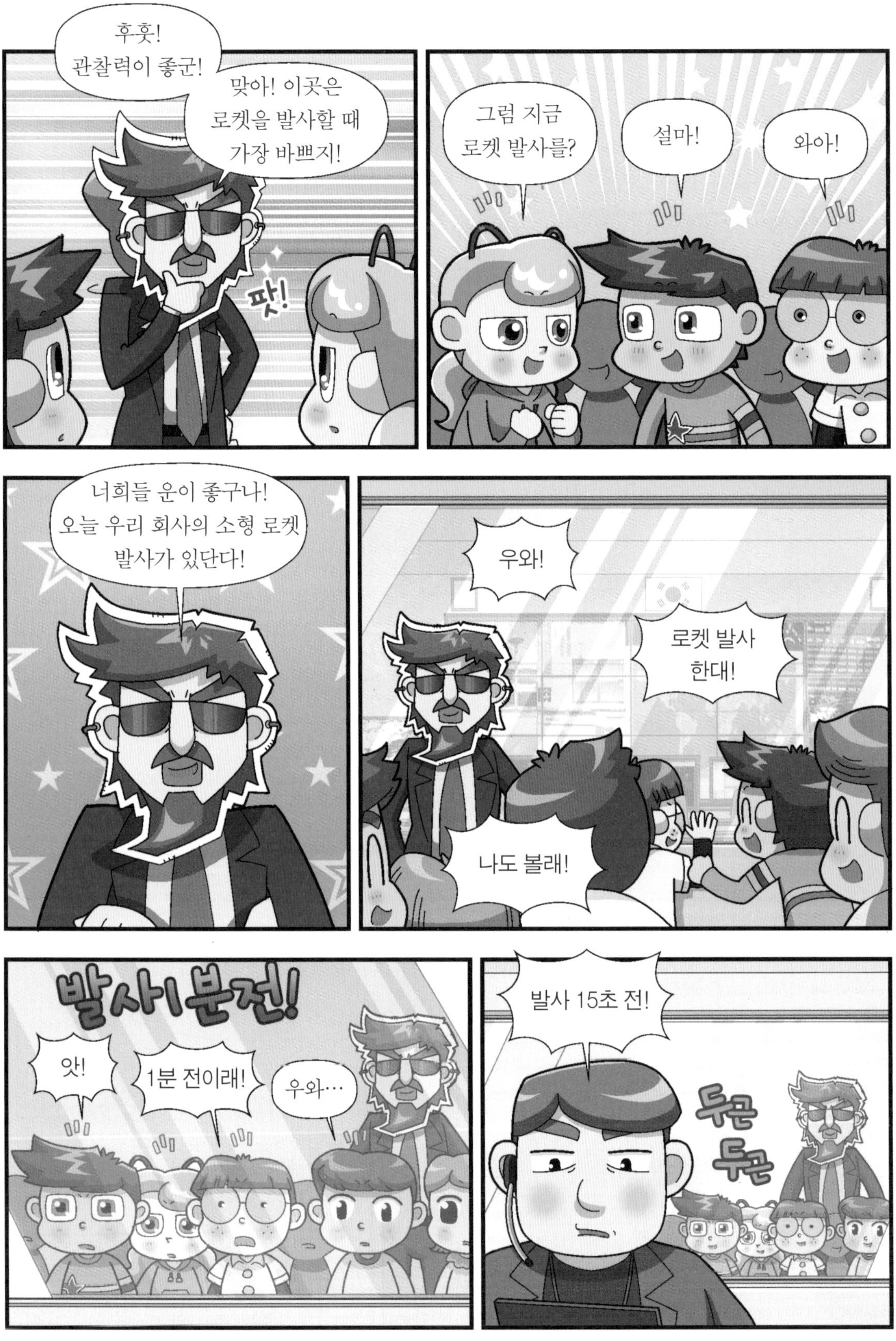
후훗!
관찰력이 좋군!
맞아! 이곳은
로켓을 발사할 때
가장 바쁘지!
팟!
그럼 지금
로켓 발사를?
설마!
와아!
너희들 운이 좋구나!
오늘 우리 회사의 소형 로켓
발사가 있단다!
우와!
로켓 발사
한대!
나도 볼래!
발사 1분 전!
앗!
1분 전이래!
우와…
발사 15초 전!
두근
두근

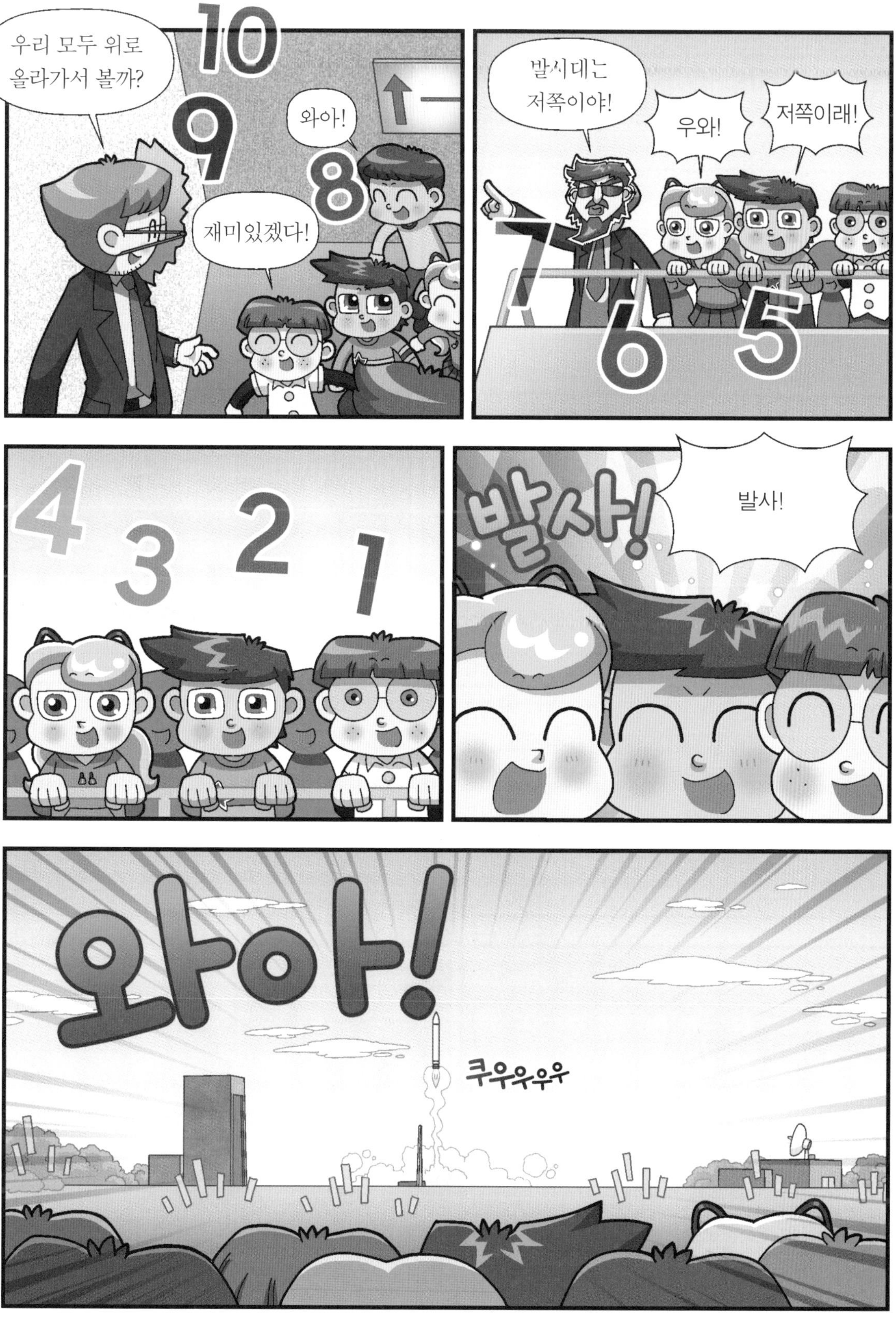
10
우리 모두 위로 올라가서 볼까?
9
와아!
8
재미있겠다!
발사대는 저쪽이야!
우와!
저쪽이래!
7
6
5
4
3
2
1
발사!
발사!
와아!
쿠우우우우

멋있다…

진짜 로켓이야!

너네 우냐?

너무 감동적이야…

멋있어…

글썽…

언제나 멋진 장면이군!

미지의 세계, 우주로 떠나는 우리의 로켓!

어때? 로켓과 우주선을 만드는 사람들! 정말 멋지지 않니?

짠!

네! 강박사님!!

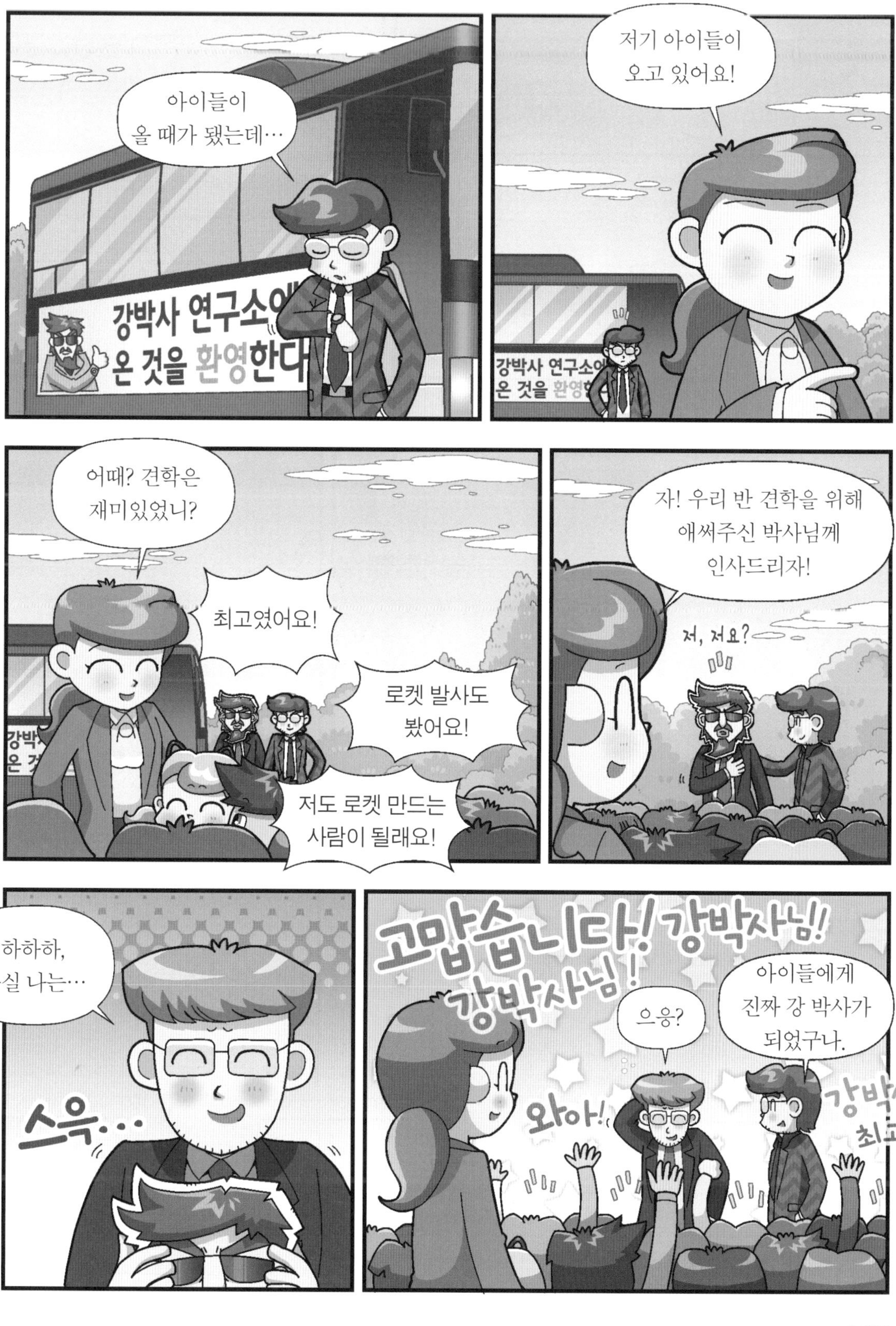

아이들이
올 때가 됐는데…
강박사 연구소에
온 것을 환영한다
저기 아이들이
오고 있어요!
강박사 연구소에
온 것을 환영한
어때? 견학은
재미있었니?
최고였어요!
로켓 발사도
봤어요!
저도 로켓 만드는
사람이 될래요!
자! 우리 반 견학을 위해
애써주신 박사님께
인사드리자!
저, 저요?
하하하,
사실 나는…
스윽…
고맙습니다! 강박사님!!
강박사님!
으응?
아이들에게
진짜 강 박사가
되었구나.
와아!
강박사님!
최고!

로켓 발사 정말 멋있었어!

난 우주에서 살고 싶어!

나도 로켓 탈 수 있을까?

내가 우리 반에서 제일 처음으로 강 박사가 될 거라고 했던 거 잊지 말라고!

난 강 박사처럼 될 수 있을 거라고 생각도 못 했어.

인정!

난 처음에 장난인 줄 알았어.

나도 꿈이 살짝 바뀌었어.

에엥?

무슨 말이야?

넌 아이돌 할 거라고 했잖아!

넌 아이돌 해야 해.

걱정 마. 우주 시대에 맞춰서, 나도 우주에서 활동하는 아이돌이 될 거니까!

한국항공우주연구원과 나로우주센터

친구들이 방문한 국일 스페이스는 한국항공우주연구원과 나로우주센터를 모델로 그린 회사예요. 실제로 로켓과 인공위성을 만드는 연구원을 만나거나, 로켓을 발사 중인 통제실을 민간인이 볼 수는 없답니다. 하지만 한국항공우주연구원과 나로우주센터를 찾아가면 우주개발에 관심이 많은 친구들을 위한 견학코스와 볼거리들이 많이 준비되어 있어요.

한국항공우주연구원 견학코스에는 홍보전시관과 인공위성을 조립하고, 시험하는 시설을 볼 수 있고, 나로우주센터 견학코스에는 우주과학관 탐방, 발사통제동 탐방, 발사대 탐방, 그리고 우주과학관 야외에 전시된 실물 크기의 로켓들도 볼 수 있어요.

꼭 알아야 하는 탐사선

망원경으로 천체를 관측하는 것은 인간의 호기심을 충족시키는 데 한계가 있기 때문에 우주로 탐사선을 보내 천체를 관측하기 시작했어요. 탐사선은 지구나 다른 천체를 탐사하고 관찰하기 위해 우주로 발사한 비행선이에요. 수많은 탐사선 중에서 우리가 기억해야 할 탐사선에는 어떤 것이 있는지 알아볼까요?

스푸트니크 1호

1957년 10월 4일, 러시아에서 인류 최초로 스푸트니크 인공위성을 발사했어요. 스푸트니크는 '여행의 동반자'라는 뜻으로 세르게이 코롤료프가 국방산업장관에게 지구 궤도를 도는 인공위성 개발을 제안하면서 시작됐어요.

보스호트 2호

1965년 3월 18일 우주로 발사되어 탑승하고 있던 우주비행사 알렉세이 레오노프가 역사상 처음으로 약 12분 동안 우주유영에 성공하면서 우주 탐사에 또 다른 이정표를 세웠어요.

아폴로 11호

1969년 7월 16일에 발사되어 7억 명에 이르는 대중이 지켜보는 가운데 1969년 7월 20일에 인류의 달 착륙을 처음으로 성공시켰어요. 선장 닐 암스트롱, 사령선 조종사 마이클 콜린스, 달 착륙선 조종사 버즈 올드린이 타 있었고, 2시간 31분 40초 동안 달에서 선외 활동을 했어요.

파이어니어 10호

1972년 3월 3일에 케이프커내버럴 공군 기지에서 발사되어 처음으로 소행성대를 탐사하고 목성을 관찰했어요. 1973년 12월 3일에 목성 근처에 도착하여 지구로 사진을 전송했고 1983년 6월 13일 당시 태양계의 가장 바깥 행성인 해왕성의 궤도를 통과하며 태양계를 벗어난 첫 탐사선이기도 하답니다.

파이어니어 11호

1973년 4월 6일에 발사되어 목성을 탐사하고 처음으로 토성과 토성의 테를 탐사했어요. 목성 구름 위를 지나며 500여 장의 목성과 위성들의 사진을 전송했지만 1979년 9월 1일에 토성 탐사를 마치고 궤도에서 벗어났어요.

바이킹 1호

미국항공우주국에서 최초로 화성에 발사한 화성 탐사선이에요. 1975년 8월 20일에 발사되어 1976년 6월 19일에 화성 궤도에 진입했어요. 화성 궤도에 진입하기 5일 전부터 사진으로 화성의 전체 모습을 보여주며 1976년 7월 20일에 화성 착륙에 성공했어요.

파이어니어 금성 1호(파이어니어 12호)

1978년 5월 20일에 금성으로 발사되어 금성 탐사를 효과적으로 마친 탐사선이에요. 1978년 12월에 금성 궤도를 진입하여 1992년 8월까지 금성 궤도를 돌며 정보를 보내왔어요.

다 같이
우주로 가자!

아저씨, 이건 어디에 실어요?

이건요?

이건 어떡해요?

아… 그거 막이야…

집 앞에 세워둔 차에 실어줄래?

맡겨주시라고요!

네!

들어올 때는 귀찮더니, 막상 나간다니까 허전하네.

후훗

그동안 정말 고마웠어!

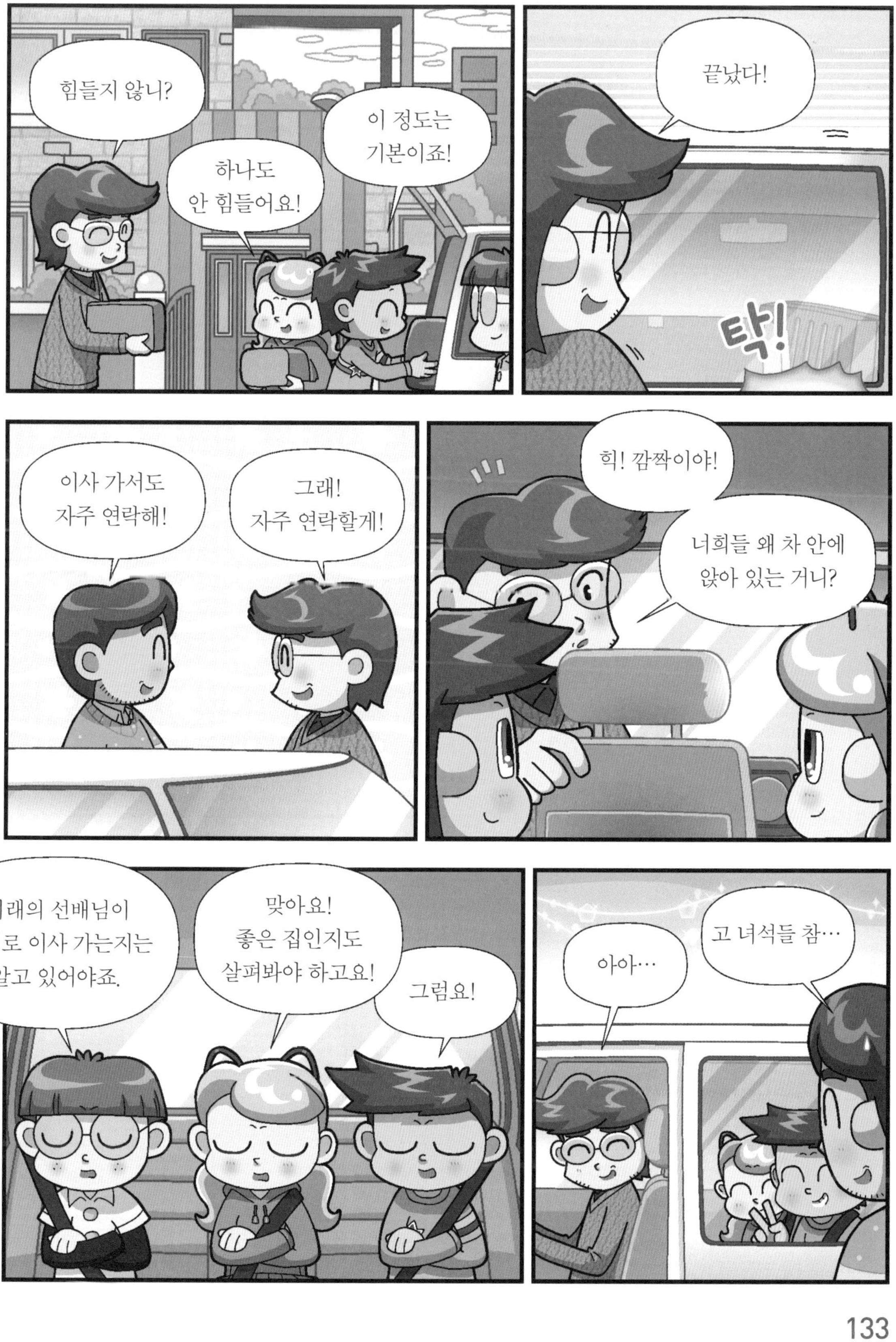
힘들지 않니?
하나도 안 힘들어요!
이 정도는 기본이죠!
끝났다!
탁!
이사 가서도 자주 연락해!
그래! 자주 연락할게!
헉! 깜짝이야!
너희들 왜 차 안에 앉아 있는 거니?
미래의 선배님이 어디로 이사 가는지는 알고 있어야죠.
맞아요! 좋은 집인지도 살펴봐야 하고요!
그럼요!
아아…
고 녀석들 참…

회사 근처의 높은 곳에 집을 구했어.

높은 곳?

응, 맑은 날엔 별도 많이 보이는 곳이라고 하더라고.

넌 어렸을 때와 조금도 달라지지 않았구나.

어렸을 때 이야기해주세요!

저도 궁금해요!

저도요!

우린 어렸을 때 별을 보는 것을 좋아했어.

난 저 별에 가는 우주선을 만들 거야!

난 저 별에 사는 사람들 이야기를 쓸 거야!

그래서 난 작가가 되었지.

그래서 난 발사체 개발자가 되었고.

내가 처음 시작했을 때만 해도 우리나라 우주산업이 이렇게 발전할 줄은 몰랐어.

아직 우리나라는 우주산업 선진국에 비하면 부족함이 있지만, 그래도 세계에서 11번째로 우주발사체를 만들어 발사한 나라야.

그리고 인공위성은 세계에서 6, 7위 정도의 기술력을 가지고 있지!

특히 발사체 기술은 다른 나라로부터 배울 수 있는 기술이 아니라 스스로 개발해야 하는 기술이야.

어째서 그렇죠? 왜 알려주지 않아요?

야! 차에서 일어서는 건 위험하다고!

그 나라의 우주산업을 이끄는 중요한 기술이기 때문에 아무에게도 알려주지 않는 거야.

그리고 은아 말이 맞아.

그것 봐.

135

안녕! 난 '나로호'라고 해!

안녕! 난 '누리호'야!

하지만 90년대에 과학 로켓으로 시작해서 나로호를 성공적으로 발사했고 앞으로 누리호를 발사할 예정이야.

앞으로 얼마나 더 발전할까요?

와!

우리도 달에 갈 수 있을까요?

이미 우리나라도 달 탐사 사업을 추진 중이란다.

와아!

저곳이 착륙하기에 좋겠어!

우선 1단계는 달 주위를 돌면서 착륙할 후보지를 찾고, 여러 가지 데이터를 수집할 궤도선을 보내는 거야.

잘 다녀와.

맡겨두라고!

그리고 2단계에선 달에 착륙할 착륙선과 달 탐사 로버를 개발하는 거야.

와!

말만 들어도 신나요!

우리도 달에 간다!

그것 말고도 너희들이
우주산업 분야에서 할 수 있는 일은
앞으로 계속 늘어날 거야.

어떤 분야의 일이
생겨날지 궁금한 걸?

우선 인공위성이 보내온 정보를
실시간으로 처리하는 인공지능 개발이나,
다양한 용도로 사용하는 초소형 인공위성이 있겠지.

우주정거장에
불이 나면
어떻게 하지?

이런 방법은
어떨까?

또 우주인들을 위한 생명유지 장치나,
우주정거장의 실험 장비,
화재 안전장치 개발도 중요한 일이지.

그렇겠구나.
시간이 흐를수록 정말
많은 일이 생겨나겠어.

끄덕
끄덕

맞아! 어쩌면
로켓은 우주로 가는
택배 같은 거야.

진짜 시작은
택배에서 도착한 것들로
만들어나가는 거지.

137

하지만 택배가 도착하지 않으면 아무것도 할 수 없어요.

로켓이 없으면 아무것도 할 수 없다는 거죠.

역시 미래의 동료들답군!

맞아! 그래서 로켓이 중요한 거야.

그럼 우리나라도 앞으로 로켓을 발사하는 회사가 더 많이 늘어날까?

그동안의 우주개발은 나라에서 맡아 진행해왔어. 당연히 공공 분야를 위한 우주개발이었지. 큰돈과 많은 사람이 필요한 개발을 주로 해왔어.

하지만 그런 탓에 상업적인 연구개발은 좀 어려웠어. 아무래도 나라에서 하는 일이다 보니 빠르게 사업을 바꾸기도 어려웠지.

부우웅

하지만 그런 일은 나라의 연구기관보다는 민간 업체들이 좀 더 잘할 수 있어.

우리 회사같이 말이야.

하지만 작은 회사들에게 로켓 개발은 너무 힘든 일 아닐까?

맞아. 특히 액체연료 로켓은 아주 어려운 기술이라 작은 회사들에겐 넘기 힘든 벽이지.

걱정 마세요. 고체연료 로켓이 있으니까요!

구조도 단순하고.

보관하기도 좋다고요.

아~ 미사일 협정이 바뀌면서 제약 없이 쓸 수 있게 되었다는 고체연료 로켓?

그래! 아이들이 말한 것처럼 작은 회사들이 도전하기에 좋은 조건을 가지고 있어.

그런데 로켓으로 실어 보낼 것이 그렇게 많아? 회사가 많이 생기려면 일거리도 있어야 하잖아?

그럼! 앞으로 소형 인공위성의 용도는 갈수록 다양해질 거야. 게다가 소형 인공위성을 잔뜩 쏘아 올려 군집을 이루는 방식도 발전할 거고.

그래서 우주 택배는 늘 바쁘다고요.

원래 우리나라 택배가 최고라고요.

맞아. 엄청 빨리 와.

아! 정말 너희들 말대로 우리나라가 세계 최고의 우주 택배 나라가 될 수도 있겠구나!

인공위성

통신위성, 기상위성, 첩보위성, 군집위성 등 다양한 종류가 있어요. 통신위성은 외국에서 열리는 스포츠 경기를 실시간으로 볼 수 있게 해줘요. 기상위성은 지구의 기상을 관측하고, 첩보위성은 하루에 여러 번 지구를 돌면서 다른 나라를 염탐해요. 군집위성은 여러 개의 위성들이 공동 작업을 하는 위성으로 주로 인터넷 통신용으로 사용돼요.

이제 거의 다 왔다! 저기 언덕 위의 집이야!

정말 높은 데 있네…

부룽-

와아!

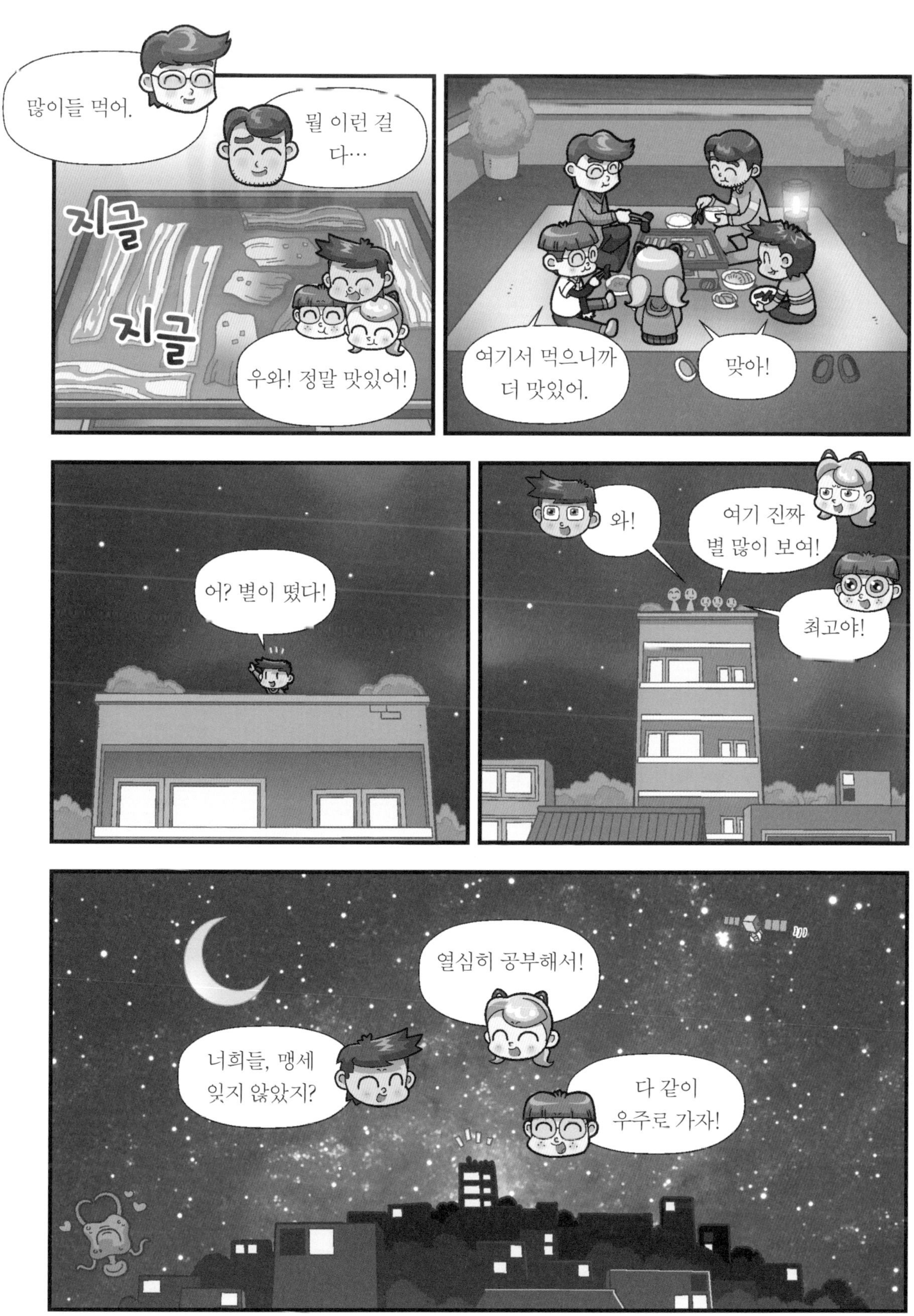

많이들 먹어.
뭘 이런 걸 다…
지글
지글
우와! 정말 맛있어!
여기서 먹으니까 더 맛있어.
맞아!
어? 별이 떴다!
와!
여기 진짜 별 많이 보여!
최고야!
열심히 공부해서!
너희들, 맹세 잊지 않았지?
다 같이 우주로 가자!

미국과 우리나라의 우주박물관

우주와 로켓에 대한 이야기는 무궁무진하지만 일반 사람들에게는 어렵고 생소한 정보예요. 그래서 여러 나라에서 우주박물관을 만들어 우주와 로켓에 관한 정보를 제공해주고 있어요. 미국과 우리나라에 있는 우주박물관에 대해 알아볼까요?

미국 국립항공우주박물관

1946년 국립항공박물관으로 처음 개관하였다가 1976년 시설을 확장하고 미국 국립항공우주박물관이라는 이름으로 다시 문을 열었어요. 박물관에는 전 세계에서 운행되었던 항공기, 우주선 등을 전시하는 것은 물론 항공우주과학의 발달과 관련된 자료와 장비들도 전시되어 있어요. 특히 1903년에 제작된 라이트 형제의 비행기인 플라이어와 아폴로 11호의 사령선, 최초의 지구 궤도 횡단 유인우주선 제미니 4호 등이 있어요.

샌디에이고 항공우주박물관

미국의 항공우주의 역사를 이해할 수 있을 만큼 초기 비행기부터 첨단 항공기까지 볼 수 있는 곳이에요. 1961년에 문을 열어 샌디에이고 발보아 공원에 자리하고 있는 이 박물관에서는 열기구, 전투기, 우주선 등 미국 항공우주의 역사를 둘러볼 수 있어요. 1927년 대서양을 횡단한 린드버그의 스피리트 세인트 루이스의 모형, 팬텀 제트기 모형 등이 전시되어 있어요.

한국항공대학교 항공우주박물관

유물 전시를 위주로 하는 기존 박물관과 달리 과학적 이해와 간접 체험을 위주로 구성되어 있어요. 항공기와 우주 비행체의 기술을 위주로 한 발달사를 다루고 있는 항공역사 구역, 40여 종의 기종 중 원하는 기종으로 원하는 공항을 선택하여 직접 조종해서 이착륙 및 비행을 경험해 볼 수 있는 체험 구역, 첨단 정보통신 기술과 항공우주 기술을 접목한 가상현실 기술을 이용하여 대형 3차원 입체 영상을 관람할 수 있는 가상체험관 등이 있어요.

제주 항공우주박물관

항공과 우주를 테마로 2014년에 문을 열었어요. 최첨단 기술을 이용하여 시설을 꾸민 제주 항공우주박물관은 내용이나 규모면에서 아시아 최대의 항공우주박물관으로 손꼽혀요. 2층 천문우주관에서는 우주를 탐구했던 선조들의 발자취를 따라 우주탐험을 체험해 볼 수 있어요. 우리나라 최초로 우주 발사에 성공한 나로호의 실제 크기로 제작된 모형도 볼 수 있어요.

사천 첨단항공우주과학관

항공우주 전문과학관으로 전시실, VR체험관, 4D영상관 등이 갖춰져 있어요. 항공체험, 우주탐험 등의 테마를 지닌 전시를 볼 수 있고 4D영상관을 통해 항공 우주에 대한 정보를 오감으로 습득할 수 있어요.

나는 로켓, 탐사선 전문가가 될 거야!

초판 1쇄 발행 · 2021년 1월 28일
초판 3쇄 발행 · 2021년 9월 10일

지은이 · 주성윤
그린이 · 주성윤
펴낸이 · 이종문(李從聞)
펴낸곳 · 국일아이

등   록 · 제406-2008-000032호
주   소 · 경기도 파주시 광인사길 121 파주출판문화정보산업단지(문발동)
영업부 · Tel 031)955-6050 | Fax 031)955-6051
편집부 · Tel 031)955-6070 | Fax 031)955-6071

평생전화번호 · 0502-237-9101~3

홈페이지 · www.ekugil.com
블 로 그 · blog.naver.com/kugilmedia
페이스북 · www.facebook.com/kugilmedia
E-mail · kugil@ekugil.com

• 값은 표지 뒷면에 표기되어 있습니다.
• 잘못된 책은 구입하신 서점에서 바꿔드립니다.

ISBN 979-11-87007-78-4 (14300)
        979-11-87007-74-6 (세트)

워크북

Job?

나는 로켓, 탐사선
전문가가 될 거야!

국일아이

목차

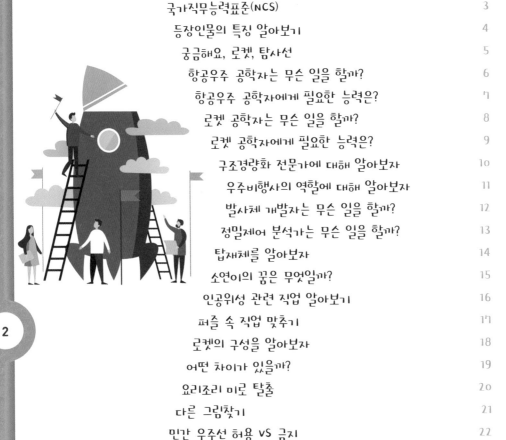

2

워크북 활용법

직업 탐험 각 기관의 대표 직업(네 가지)이 하는 일, 필요한 지식, 자질 등에 관한 정보뿐만 아니라 관련 직업에 관한 정보를 얻어요.

직업 놀이터 다른 그림 찾기, 숨은그림찾기, 미로 찾기, 색칠하기, ○X 퀴즈 등 재미있는 놀이 요소를 통해 직업 상식을 알아봐요.

직업 톡톡 직업 윤리나 직업과 관련한 이야기로 자신의 생각을 표현하며 직업을 간접 체험해요.

NCS
(국가직무능력표준)

국가직무능력표준(NCS, National Competency Standards)이란 국가가 현장에서 직무를 수행하는 데 필요한 지식, 기술, 태도 등을 산업별, 수준별로 표준화한 것을 말한다. 대분류 24개, 중분류 79개, 소분류 253개, 세분류 1,001개로 표준화되었으며 계속 계발 중이므로 더 추가될 예정이다.

국가직무능력표준(NCS)에 따른 24개 분야의 직업군

01 사업 관리	02 경영·회계 사무	03 금융·보험	04 교육·자연 사회 과학	05 법률·경찰 소방·교도·국방
06 보건·의료	07 사회 복지·종교	08 문화·예술 디자인·방송	09 운전·운송	10 영업·판매
 11 경비·청소	12 이용·숙박·여행 오락·스포츠	13 음식 서비스	14 건설	15 기계
16 재료	17 화학	18 섬유·의류	19 전기·전자	20 정보 통신
21 식품 가공	22 인쇄·목재 가구·공예	23 환경·에너지·안전	24 농림·어업	

등장인물의 특징 알아보기

《job? 나는 로켓, 탐사선 전문가가 될 거야!》에는 벼리, 은아, 지우, 장 박사, 아빠 등이 등장한다. 각 인물을 떠올리며 빈칸을 채워보자.

인물	특징
벼리	_____을 만드는 사람이 되고 싶어 하는 초등학교 6학년 남자아이다. 허무맹랑한 꿈이라며 친구들이 놀려도 자신의 꿈을 위해서라면 언제나 최선을 다할 각오가 되어 있다. 로켓을 만드는 박사님인 아빠의 친구에게 로켓에 대해서 묻고 배우며 꿈을 키워간다.
은아	벼리의 같은 반 여자친구로 세계 최고의 케이팝 걸그룹 아이돌이 되겠다는 꿈을 꾸고 있다. 다른 아이들이 모두 벼리의 꿈을 놀릴 때, 은아는 벼리를 응원하고 이해해 준다. 당찬 성격에 어딘지 모르게 어른스럽기도 하다.
지우	우주선을 만들고 싶어 하는 벼리의 친구다. 벼리의 집에 로켓을 만드는 아저씨가 머물고 있다는 사실을 알고 벼리의 집을 방문한다. 아저씨의 이야기를 들으면 들을수록 가슴이 두근거리고, 우주선을 만드는 자신의 모습이 보이는 것만 같다.
장 박사	벼리 아빠의 오랜 친구다. 로켓을 만드는 _____이며 공학박사다. 외국의 우주 개발 회사에서 일하다가 한국에서 일하고 싶어 귀국했다. 우주선을 좋아하는 벼리와 금방 친해진다. 누구보다도 벼리의 꿈을 잘 이해해 주고, 자신이 일하는 회사로 벼리의 반 친구들을 초대해 로켓과 탐사선에 대해 설명해 준다.
아빠	집에서 일하는 글 작가이며 뛰어난 음식 솜씨를 자랑하는 살림꾼이기도 하다. 장 박사와는 어린 시절부터 친한 친구로 같이 별을 보며 꿈을 키웠다. 결국 장 박사는 별로 가는 로켓을 만드는 개발자가 되었고, 아빠는 별에 사는 사람들의 이야기를 쓰는 작가가 되었다.

궁금해요, 로켓, 탐사선

로켓은 우주를 여행할 수 있도록 만든 비행체이고, 우주탐사선은 우주를 관측하기 위한 우주선이다. 지구보다 광활한 우주를 탐험하고 은하수를 만나게 해줄 로켓과 우주탐사선에 관한 설명으로 알맞은 것을 모두 찾아보자. (정답은 세 개)

1 로켓은 고온·고압의 연료가스를 분출한 반동력으로 나아간다.

2 로켓은 우주개발의 기본적인 도구다.

3 우주탐사선은 지구에서 관측하기 어려운 지구 밖 행성이나 천체를 조사하는 비행선이다.

4 모든 탐사선은 우주비행사가 조종을 한다.

항공우주 공학자는 무슨 일을 할까?

항공우수공학은 항공기 및 우주선에 대한 설계, 발사 등을 다루는 공학 분야다. 항공우주 공학자가 하는 일은 무엇인지 바르게 설명한 것을 찾아보자. (정답은 세 개)

1 다양한 형태의 항공기를 설계하고 제작한다.

2 우주에 보낼 인공위성, 우주선, 로켓 등을 연구하고 개발한다.

3 우주선을 조종하며 외계인을 무찌르는 일을 한다.

4 달이나 행성을 탐사하는 일을 한다.

항공우주 공학자에게 필요한 능력은?

항공우주는 미래의 과학 기술을 이끌어갈 대표적인 산업이다. 미지의 공간인 우주를 개척하는 항공우주 공학자에게 필요한 능력을 바르게 말한 친구를 찾아보자. (정답은 네 개)

은주
새로운 것을 탐구하려는 도전 정신이 필요해.

리사
새로운 연구 결과를 공부하려면
영어와 외국어 능력도 갖추어야 해.

유나
수학, 물리학, 화학 과목에 흥미를 지녀야 해.

예진
문제 해결을 잘하는
수리 논리력, 분석력, 판단력이 있어야 해.

소진
개발된 기계만 잘 다루면 되니까
창의적이지 않아도 돼.

로켓 공학자는 무슨 일을 할까?

거대한 로켓을 만들기 위해 로켓 공학자들은 로켓을 세부적으로 나눠 각 분야를 개발한다. 로켓 공학자가 어떤 일을 하는지 〈보기〉를 참고하여 빈칸에 적어보자.

1
로켓의 심장이라고 할 수 있는 _____을 개발한다. 연료와 산화체를 실은 로켓 _____이 잘 작동하여 로켓 추진에 이상이 없는지 관리한다.

2
로켓이 잘 비행할 수 있도록 로켓의 무게를 최대한 _____ 만들기 위해 연구한다.

3
로켓과 본부를 이어주는 _____ _____를 제작한다.

4
로켓의 _____을 제어하기 위한 시스템을 개발한다.

5
로켓을 발사할 때 지지해주는 ___ _____를 건설한다.

8

보기

가볍게, 속도와 방향, 엔진, 로켓 발사대, 통신 및 전자 장비

로켓 공학자에게 필요한 능력은?

하나의 로켓을 만들기 위해 로켓 공학자에게 여러 가지 능력이 필요하다. 다음 중 로켓 공학자에게 필요한 능력이 쓰여진 로켓을 찾아 예쁘게 색칠해 보자. (정답은 다섯 개)

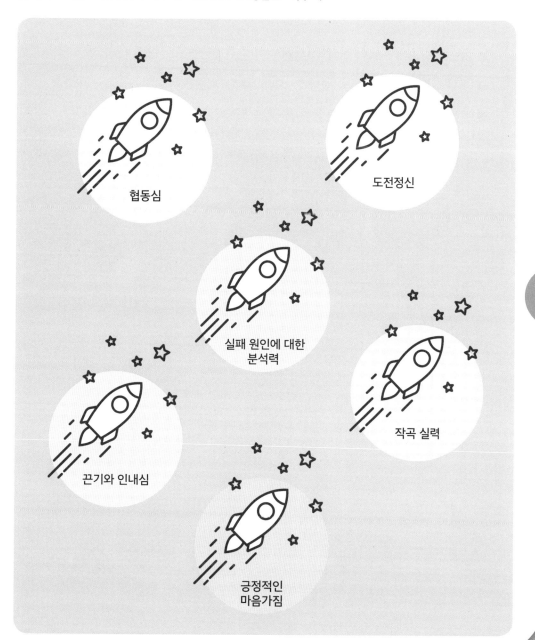

협동심

도전정신

실패 원인에 대한 분석력

끈기와 인내심

작곡 실력

긍정적인 마음가짐

구조경량화 전문가에 대해 알아보자

항공우주 분야에서 경량화 연구는 수백 년 전부터 현재까지 그리고 미래에도 가장 중요하고 지속적인 연구개발 분야다. 구조경량화 전문가가 하는 일을 알맞게 설명한 알파벳을 찾아 선을 따라가 보자.

❶ SNS 채널을 통해 로켓을 기업에게 홍보한다.

❷ 빅데이터를 기반으로 사람들이 좋아하는 모습의 로켓을 디자인한다.

❸ 더 높이, 더 멀리, 힘을 덜 들이고 갈 수 있도록 로켓을 최대한 가볍고 튼튼하게 만든다.

우주비행사의 역할에 대해 알아보자

우주왕복선은 우주비행사에 의해 운영된다. 우주비행사는 선장, 파일럿, 임무 전문가, 화물 전문가 등으로 구성되는데 그들의 임무와 역할이 무엇인지 알아보자.

선장

선장을 보조하면서 우주왕복선을 조종한다.

파일럿

우주 환경에서 가능한 여러 가지 실험과 연구를 한다.

임무 전문가

우주왕복선에서의 모든 일을 책임지는 리더의 역할이다.

화물 전문가

우주유영을 하며 로봇 팔 조종과 우주왕복선의 시스템을 운영한다.

발사체 개발자는 무슨 일을 할까?

우주발사체는 위성 발사와 우주 탐사를 위해 꼭 필요한 운송 수단이다. 우주발사체를 개발하는 발사체 개발자가 하는 일이 맞으면 ○, 하는 일이 아니면 X에 동그라미 표시해 보자.

○X 퀴즈

1. 사용 목적에 맞게 우주발사체의 구조를 설계한다. ○ ✕

2. 여러 전문가들과 의논하여 만드려는 우주발사체의 가장 알맞은 부품과 재료를 찾는다. ○ ✕

3. 우주발사체의 부품을 점검하고 설계를 수정하여 더 안전한 우주발사체를 만든다. ○ ✕

4. 발사 일정에 맞춰 우주발사체를 계속 관리한다. ○ ✕

정밀제어 분석가는 무슨 일을 할까?

정밀제어는 최대한 짧은 시간 안에 아주 세세한 움직임을 제어하는 것이다. 빌사체 정밀제어 분석기가 하는 일에 대해 바른 설명을 찾아보자. (정답은 세 개)

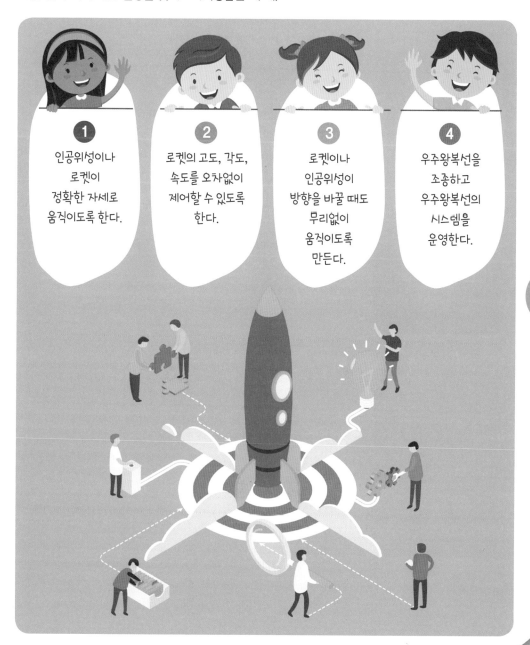

1 인공위성이나 로켓이 정확한 자세로 움직이도록 한다.

2 로켓의 고도, 각도, 속도를 오차없이 제어할 수 있도록 한다.

3 로켓이나 인공위성이 방향을 바꿀 때도 무리없이 움직이도록 만든다.

4 우주왕복선을 조종하고 우주왕복선의 시스템을 운영한다.

탑재체를 알아보자

위성이 발사될 때 본래의 임무를 수행한 기구들이 실리게 되는데 이러한 기구들을 탑재체라고 한다. 탑재체는 어떤 종류가 있는지 알아보고 〈보기〉에서 알맞은 탑재체를 찾아 빈칸에 적어보자.

❶ _____

기상 관측 영상을 흑백으로 구현하며 한반도를 관측하는 데 15분이 걸린다. 기상 관측 영상을 컬러로 구현해내는 탑재체도 있다.

❷ _____

해양을 관측하는 탑재체로, 천리안 해양관측위성이라 부른다. 우주에서 바다를 찍어 지구로 보낸다.

❸ _____

지구의 대기 환경을 지속적으로 관측하는 탑재체다. 기후 변화를 일으키는 물질들의 발생 지점과 이동 경로 등의 정보를 찾아낸다.

❹ _____

위성에서 전파를 발산해 물체에 반사되어 오는 신호를 수신해 영상을 만들어낸다. 주야간, 날씨에 상관 없이 영상을 얻을 수 있다.

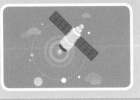

❺ _____

사람의 눈으로 볼 수 있는 가시광선 대역을 촬영하는 전자광학 카메라를 통해서 지구를 관측한다.

보기

기상 탑재체, 환경 탑재체, 영상레이더 탑재체, 해양 탑재체, 전자광학 탑재체

소연이는 로켓, 탐사선에 대한 공부를 하다가 자신의 꿈을 발견했다. 소연이가 하고 싶어하는 일을 보고 소연이의 꿈이 무엇인지 알아보자.

> 인공위성에 실리는 장비인 탑재체가
> 잘 작동하도록 인공위성의 설계를 조절하고
> 탑재체가 너무 무거워지지 않도록 관리해요.

> 설계한 인공위성을 조립하다
> 예상치 못한 문제가 생기면 다시 연구하여
> 수정하고 재설계하는 일을
> 반복해요.

탑재체
개발자

로켓엔진
개발자

우주
비행사

인공위성 관련 직업 알아보기

다음은 인공위성과 관련된 일을 하는 전문가들에 대한 설명이다. 설명에 맞는 직업은 무엇일까? 사다리를 타고 내려가 보자.

1
인공위성이 수집하여 보낸 자료를 원하는 정보가 될 수 있도록 분석하는 일을 한다.

2
인공위성의 상태를 늘 관찰하고 우주의 환경에 따라 인공위성을 움직여야 할지 결정한다.

3
인공위성 분석원이 명령을 내리면 실제로 인공위성을 움직인다.

4
통신위성, 기상위성, 과학위성 등을 연구한다. 개발할 인공위성을 설계하고, 조립하고, 테스트한다.

인공위성 관제원

인공위성 개발자

인공위성 자료처리원

인공위성 분석원

퍼즐 속 직업 맞추기

퍼즐 속에서 로켓, 탐사선과 관련된 직업을 찾아 표시한 후 찾은 직업 칸에 적어 보자. (정답은 여섯 개)

로켓, 탐사선과 관련된 직업 찾기 퍼즐

인	때	항	공	우	주	공	학	자	나
정	공	밖	정	공	나	가	안	당	우
밀	과	위	참	도	모	로	현	장	주
제	미	동	성	무	레	켓	랑	이	비
어	운	공	깨	개	코	공	호	팔	행
분	착	재	면	늬	발	학	미	구	사
석	신	현	몸	맨	우	자	라	파	솔
가	비	구	조	경	량	화	전	문	가

찾은 직업

17

로켓의 구성을 알아보자

로켓이 우주로 날아오르기 위해 로켓 안에는 여러 가지가 필요하다. 로켓을 구성하는 요소들을 찾아 색칠해 보자. (정답은 여섯 개)

어떤 차이가 있을까?

로켓, 우주발사체, 우주왕복선, 인공위성, 우주탐사선 등은 비슷한 것 같으면서도 차이가 있는데 어떤 것을 설명한 것인지 알맞게 줄을 이어보자.

로켓		우주를 반복해서 다닐 수 있는 우주선이다. 유인 우주비행과 위성 발사, 위성의 회수 및 우주정거장 수리 등에 사용된다.
우주발사체		우주로 쏘아 올려져 우주를 비행하는 물체다. 다른 행성으로의 비행, 지구의 상층 대기에 대한 과학 조사 등 다양한 목적을 가지고 이용되고 있다.
우주왕복선		탑재물을 싣고 지구를 벗어나 우주궤도의 정해진 곳까지 실어 올리는 로켓이다. 인공위성, 우주인, 달 탐사선 등 우주비행체를 쏘아 올린다.
인공위성		태양계의 행성이나 달, 화성 등 우주 천체를 조사하기 위해 발사되는 우주선이다. 사람의 탑승 여부에 따라 유·무인 탐사선으로 구별된다.
우주탐사선		지구에서 쏘아 올려 지구궤도를 돌게 만든 인공적인 천체. 통신, 과학, 기상, 군사, 상업의 목적으로 이용된다.

요리조리 미로 탈출

로켓, 탐사선과 관련한 OX 퀴즈를 풀고 정답을 따라 미로를 빠져나가 보자.

❶ 로켓은 추진제에 따라 고체로켓, 액체로켓, 하이브리드로켓으로 나누고,
용도에 따라 과학관측용 로켓, 인공위성발사용 로켓으로 나눈다. ○ ×

❷ 로켓의 무게가 많이 나갈수록 힘차게 추진할 수 있다. ○ ×

❸ 국가간 기술 교환이 불가능하기 때문에 로켓 개발은 국가 단위로 이뤄지고
있다. ○ ×

❹ 우주관리인은 인공위성과 로켓의 잔해, 파편이 떠돌아다니는 지구 주
위의 우주 쓰레기를 관리한다. ○ ×

❺ 1969년 아폴로11호 우주선을 타고 최초로 달착륙에 성공했다. ○ ×

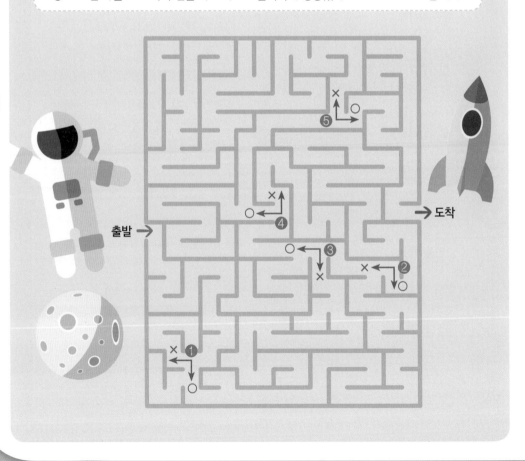

다음은 로켓을 타고 우주로 떠나 외계인을 만난 그림이다. 두 그림을 비교해 보고 서로 다른 곳을 찾아보자. (다른 곳은 열 군데)

민간 우주선 허용 VS 금지

로켓, 탐사선은 이제 국가를 넘어 민간인도 만들 수 있게 되었다. 미국의 스페이스X는 민간 우주선을 만드는 회사로 촉망받고 있다. 민간 우주선을 허용하거나 금지하는 것에 대한 자신의 생각은 어떤지, 그리고 그렇게 생각한 이유는 무엇인지 말해 보자.

민간 우주선이 만들어지면 일반 사람들도 우주선을 타고 자유롭게 우주를 탐험할 수 있게 돼. 나는 민간 우주선이 더 개발되어야 한다고 생각해.

우주를 탐험한다는 것은 작은 실수 하나로도 큰 인명피해가 발생하는 위험한 일이기 때문에 국가에서 통제해야 해. 나는 민간 우주선 개발이 금지되어야 한다고 생각해.

나는 민간 우주선을 (허용 / 금지)해야 한다고 생각한다.

왜냐하면

때문이다.

내가 만약 로켓을 만든다면?

만약 자신이 로켓을 만든다면 어떤 용도의 로켓을 만들고 싶은지 적어 보자.

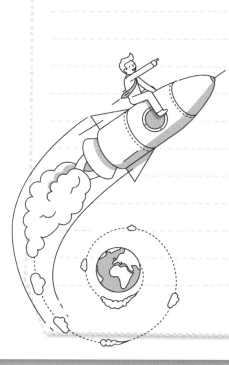

4. 우주선, 발사체 개발자

5. ①, ②, ③

6. ①, ②, ④

7. 은주, 리사, 유나, 예진

8. ① 엔진, ② 가볍게, ③ 통신 및 전자 장비, ④ 속도와 방향, ⑤ 로켓 발사대

9. 협동심, 도전정신, 실패 원인에 대한 분석력, 끈기와 인내심, 긍정적인 마음가짐

10. ③

11.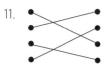

12. ○, ○, ○, ○

13. ①, ②, ③

14. ① 기상 탑재체, ② 해양 탑재체, ③ 환경 탑재체, ④ 영상레이더 탑재체,
    ⑤ 전자광학 탑재체

15. 탑재체 개발자

16. ① 인공위성 자료처리원, ② 인공위성 분석원, ③ 인공위성 관제원, ④ 인공위성 개발자

17. 항공우주공학자, 정밀제어분석가, 인공위성개발자, 로켓공학자, 우주비행사,
    구조경량화전문가

18. 산화제 탱크, 노즈페어링, 탑재위성, 연료 탱크, 엔진, 노즐

19.

20. ○, X, ○, ○, ○

21.